全—本—全—注—全—译

格言聯璧

〔清〕金纓 辑　中华文化讲堂 注译

傅志咏 修订

团结出版社

图书在版编目（CIP）数据

格言联璧 / (清) 金缨辑；中华文化讲堂注译.
—北京：团结出版社，2016.11
（谦德国学文库）
ISBN 978-7-5126-4582-0

Ⅰ.①格… Ⅱ.①金… ②中… Ⅲ.①格言—汇编—
中国—古代②《格言联璧》—注释③《格言联璧》—译文
Ⅳ.①H136.3

中国版本图书馆CIP数据核字(2016)第266610号

出版：团结出版社
（北京市东城区东皇城根南街84号 邮编：100006）
电话：(010) 65228880 65244790 （传真）
网址：www.tjpress.com
Email：65244790@163.com
经销：全国新华书店
印刷：三河市富华印刷包装有限公司

开本：148×210 1/32
印张：9.75
字数：200千字
版次：2017年2月 第1版
印次：2022年9月 第2次印刷

书号：978-7-5126-4582-0
定价：38.00元

《谦德国学文库》出版说明

人类进入二十一世纪以来，经济与科技超速发展，人们在体验经济繁荣和科技成果的同时，欲望的膨胀和内心的焦虑也日益放大。如何在物质繁荣的时代，让我们获得内心的满足和安详，从经典中获取智慧和慰藉，或许是我们不二的选择。

之所以要读经典，根本在于，我们应当更好地认识我们自己从何而来，去往何处。一个人如此，一个民族亦如此。一个爱读经典的人，其内心世界必定是丰富深邃的。而一个被经典浸润的民族，必定是一个思想丰赡、文化深厚的民族。因为，文化是民族之灵魂，一个民族如果不能认识其民族发展的精神源泉，必定就会失去其未来的生机。而一个民族的精神源泉，就保藏在经典之中。

今日，我们提倡复兴中华优秀传统文化，当自提倡重读经典始。然而，读经典之目的，绝不仅在徒增知识而已，应是古人所说的"变化气质"，进一步，是要引领我们进德修业。《易》曰："君子以多识前言往行，以畜其德。"实乃读经典之要旨所在。

基于此理念，我们决定出版此套《谦德国学文库》，"谦德"，即本《周易》谦卦之精神。正如谦卦初六爻所言："谦谦君子，用涉大川"，我们期冀以谦虚恭敬之心，用今注今译的方式，让古圣先贤的教诲能够普及到每一个人。引导有心的读者，透过扫除古老经典的文字障碍，从而进入经典的智慧之海。

　　作为一套普及型的国学丛书，我们选择经典，不仅广泛选录以儒家文化为主的经、史、子、集，也将视野开拓到释、道的各种经典。一些大家所熟知的经典，基本全部收录。同时，有一些不太为人熟知，但有当代价值的经典，我们也选择性收录。整个丛书几乎囊括中国历史上哲学、史学、文学、宗教、科学、艺术等各领域的基本经典。

　　在注译工作方面，版本上我们主要以主流学界公认的权威版本为底本，在此基础上参考古今学者的研究成果，使整套丛书的注译既能博采众长而又独具一格。今文白话不求字字对应，只在保证文意准确的基础上进行了梳理，使译文更加通俗晓畅，更能贴合现代读者的阅读习惯。

　　古籍的注译，固然是现代读者进入经典的一条方便门径，然而这也仅仅是阅读经典的一个开端。要真正领悟经典的微言大义，我们提倡最好还是研读原本，因为再完美的白话语译，也不可能完全表达出文言经典的原有内涵，而这也正是中国经典的魅力所在吧。我们所做的工作，不过是打开阅读经典的一扇门而已。期望藉由此门，让更多读者能够领略经典的风采，走上领悟古人思想之路。进而在生活中体证，方能直趋圣贤之境，真得圣贤典籍之大用。

经典，是古圣先贤留给我们的恩泽与财富，是前辈先人的智慧精华。今日我们在享用这一份恩泽与财富时，更应对古人心存无尽的崇敬与感恩。我们虽恭敬从事，求备求全，然因学养所限、才力不及，舛误难免，恳请先贤原谅，读者海涵。期望这一套国学经典文库，能够为更多人打开博大精深之中华文化的大门。同时也期望得到各界人士的襄助和博雅君子的指正，让我们的工作能够做得更好！

团结出版社

2017年1月

前　言

　　《格言联璧》一书，是清代金缨编录的一本先贤格言集。他在本书的自序中说到，他在道光丙午岁的时候，为了继承先志，辑录《几希录续刻》，完成后，阅读了很多先贤的语录，随手摘录下来，编辑为十类，题名叫做《觉觉录》。但是因为内容很多，没有来得及刊刻，先摘录其精华，取名为《格言联璧》刊行。

　　《格言联璧》刊印后，即广为传诵，风靡南北，几乎家置一编，人人诵习，所谓"地不分南北，人不分贫富，家家置之于案，人人背诵习读"。甚且将此书置于左右，朝夕参悟；或作为教子授业之启蒙课本，详加解说。近代高僧弘一大师曾回忆说："余自儿时，即读此书；皈信佛法以后，亦常常翻阅，甚觉亲切而有味。"可见此书流传之广，影响之大。

　　本书的编者，题名为"山阴金兰生"，山阴，应当就是浙江的山阴，过去设有山阴县，现在取消了，隶属于绍兴。其家庭应当是书香门第。作者在序言中提到："敬承先志，辑《几希录续刻》"，《几希录续刻》应该是延续《几希录》而作。《几希录》的作者是清代的医家张惟善，这本书刊于1821年。卷首是关于圣贤教诲和伦理道德的内容，与医学无涉。卷一、卷二为验方选,收载各科病证方剂约800余首。末附庄一夔《遂生编》。可见,这本书的编者,当为张惟善的后人。而金缨、金兰生则不可能是其真名了。作者在序言中提到的《几希录续刻》有刻本存世,而《觉觉录》的全本则不见流传,很有可能当时就没有刊刻。而其精华,就保存在《格言联璧》之中。

《格言联璧》一共分为十卷,分别为"学问""存养""持躬""敦品""处事""接物""齐家""从政""惠吉""悖凶"。其中第三卷"持躬"类有一附卷为"摄生"。语录均为历代先贤的格言警句,基本以《大学》中的"诚意""正心""格物""致知""修身""齐家""治国""平天下"八目为主要框架,包含个人修身、治理家庭、处理政事的各方面教诲。其说理之切、举事之赅、择辞之精、成篇之简,可以说,近代格言集中无有出其右者。因此,该书自刊刻之后,即为宫廷收藏,并流传民间,远播海外,成为影响深远、读者众多、历久不衰的蒙学读本。

《格言联璧》的版本非常多,不少清代刊刻的版本,今天依旧能够找到。而这本书的最善本,当为"双百鹿斋"丛书本。郭辅庭在该版本的跋文中说:"其书自咸丰初元,镂版行世,迄今垂八十年。流传既久,几于家置一编,功用之广,于此可见。惜坊本刊印草率,讹夺滋多,附刻喧宾夺主,传本各异。乃取插架旧所校订《觉觉录》一书,就正通人,复加雠勘,端楷书写,重付精刊,以永其传焉。"

近代不少高僧、学者都对这本书倍加推崇。民国年间,印光大师创办的弘化社,曾经大量印行此书,大师还亲自为本书作序,以阐明"格物致知"之理。弘一大师童蒙时即读此书。大师不仅自己认真读，照着做，还要求他的学生、僧徒也须注意学习和践行。比如，1917年8月19日，弘一大师致函在日本留学的杭一师学生刘质平，除向他提出"宜注意"的六条意见以外，还特"附录格言数则呈阅"。在同年写的另一封信中，复提醒他，"不佞前致君函，有应注意者数条，宜常阅之，又格言数则亦不可忘。"信中所说的"格言"数则，都摘自《格言联璧》。又如，1933年正月，大师在厦门妙峰寺向念佛会的信徒演讲《改过实验谈》，说到"改过之次第"的第一条"学"时，他说"可先读《格言联璧》一书"。弘一大师还从《格言联璧》中精选格言，录成《格言别录》，手书传世。近代著名的历史学家，清史学科的奠基人孟森也曾经为《格言联璧》作序，称赞此书为"格言之最高尚者"。

目前，各种版本的《格言联璧》基本都是以郭氏刊刻的校正本为底本整理的，可惜的是，不少版本都把原本中的旧注删掉了。我们这次出版的《格言联璧》，保留了原书的旧注，对于一些读者不太熟悉的人名作了注释，对原文做了白话翻译，以便各个层次的读者阅读。其中不妥之处，还请诸位读者指正。

印光大师重刻序

人之所以与天地并名"三才"者，以其能格物致知，克己复礼，以明其明德，而止于至善也。去此，则但一血气之伦而已，何可以与天地并立为三而称之乎？孟子以夜气不足以存者，为违禽兽不远。又谓人之所以异于禽兽者几希，庶民去之，君子存之。是知任心纵意，胡作非为者，不过名之为人，实则与禽兽或相埒，或不如矣。

"格物致知"，乃群圣传授之心法。以人欲之物，乃由外境而生，必须格除净尽，而吾心固有之良知，自可全体显现矣。固有之良知，即"明德"也。"格"之与"致"，皆所以明其"明德"也。明德既明，则意诚心正而身修矣。此匹夫匹妇皆能为之事也。若（朱熹所谓）以推极吾之知识，穷尽天下事物之理，为格物致知者，乃枝末，非根本也。虽圣人亦有所不能焉。能明其明德，则独善其身矣。若得位行道，以先觉觉后觉，则兼善天下矣。吾人未能人欲净尽，天理流行，故必须多识前言往行，以为前途导师，日读诵而绎思之，必期于过日寡而德日崇，以至于德纯过无而后已。然曾子临终，尚曰："战战兢兢，如临深渊，如履薄冰。而今而后，吾知免夫。"蘧伯玉行年五十，而知四十九年之非。孔子"以德不修，学不讲，闻义不能徙，不善不能改为忧。"行年七十，尚欲天假数年，以期学《易》而免大过。虽曰以身说法，勉励后进，实属圣贤格致工夫，自强不息，了无已时也。

山阴金兰生先生，辑先贤警策身心语句，为《格言联璧》，令学者如入宝山，随取而得。其功诚非浅鲜。维扬张瑞曾居士，少即奉为圭臬，继欲普饷同伦，乃详为校订。兼用褒贬圈法，标示其当法当戒者，俾阅者省心力而知去取，其用志可谓诚且挚矣。刻成，问序于余，因略述三才名义，与圣贤格致工夫，以期与本集所说互相发明。令学者得亲切下手之工夫，而进德不息，以至与天地参而后已也。其具眼者，当不以余言为背谬也。

——《印光法师增广文钞卷三》

（按：印光大师（1861~1940），俗姓赵，自号常惭愧僧，净土宗十三祖。大师深入念佛三昧，通宗通教而专修净土念佛法门。创办弘化社与灵岩山等念佛道场。其文字般若，度化众生无以计数。道风所播，遐迩景从，法化广被，名遍远近，仍粗衣淡饭，远离名闻利养。不离因果，不谈玄妙，倡导老实念佛。所有供养亦捐善举，资助流通法宝数百万册，不留一文。临终预知时至，领众念佛，跏趺而坐，含笑往生，实为近代僧人之典范。弘一大师（李叔同）赞曰："大德如印光法师者，三百年来一人而已！"）

民国版序

孟森

"格言"二字，不见于经，其见于传记者，最早为三国时崔琰《谏世子丕书》，有云："周孔之格言，二经之明训。"至晋潘岳《闲居赋》中有"奉周任之格言"，李善注引《论语考》曰："格言成法，亦可以次序也。"然则格言见谶纬之书，出自孔门，行于周代，其来盖已久矣。六经、四书，即圣人述作之格言。后世非专门学子，未能专意治经，则赖有历代先哲浅近之格言，足以随事醒世，其有功于世道人心者大矣。

清咸丰间，山阴金兰生先生辑为《觉觉录》一书，分门采录，有条不紊。世重其书，刊刻流布，日增月盛，可知好善，人有同心。因世衰道弊，陷溺益深，救世之士，益亟于提倡是书，以资警醒之用。故传本既多，各家之本，字句略有异同；较其意义，互有短长。潮阳郭君辅庭，知是书大有益于救世，爰取各本，悉心校雠，从其最长，勒为定本。又惩刻工潦草，不足动人爱玩之意，延请名手仿宋精刊精印，使通人雅士，亦足资为席上之珍。此诚善与人同，多方诱掖之苦心也。

余尝思，至理名言，足以发人深省，启人神悟。更有校辑近代格言高其品格者，意欲集《说苑》《新序》《淮南》之警句，分门别类，撰为一书。能更遍搜诸子之文以附益之更善。不能，则此书亦足以穷心理之变化，析事理之毫芒，而为六经之外，格言之最高尚者矣。人事卒卒，此愿未遂。郭君以所刻《觉觉录》嘱序，伸其余意如此。

庚午（1930年）八月　孟森　谨叙

（按：孟森（1869—1937），字莼孙，号心史，武进县人，清史学科奠基人。早年受聘于上海南洋公学任教，旋至译学馆主持翻译事务。1930年，孟森受聘于南京中央大学，讲授清朝入关前历史，撰成讲义《清朝前纪》。不久，复受聘于国立北京大学，讲授《满洲开国史》，编纂《明元清系通纪》。孟森是被公认的中国近代清史学科的一位杰出奠基人。他的著作代表近代清史学科第一代的最高水平，是近代清史研究发展的一块重要里程碑。）

弘化社版景印序

《易》曰："君子以多识前言往行，以畜其德。"《论语》子贡问曰："有一言而可以终身行之者乎？"士君子其欲进德修业以资希圣希贤者，殆不可不有取乎先哲之言也。清儒金兰生氏，辑先哲语录，名《格言联璧》，分学问、存养、持躬、敦品、处事、接物、齐家、从政、惠吉、悖凶十类，学者欲有所取于斯者，可谓备矣。

是书初刻于咸丰元年，迨入民国，扬州张居上加以校订，印光大师鉴定弁言，苏州弘化社重梓印行，其在台湾，自光复后未之见，但见台湾印经处铅印本。不图今日，弘化社本竟见于台中莲社，字大悦目，出版至今约六十年，为莲友许子钦德家所珍藏。许子精于医，而志于道，好读古人书，其得此书于庭训，习而悦之，欲以馈同伦，乃出示莲社印经部，谓可翻印流通。莲社编者美之，遂为景印，俾字体书叶悉存旧观。付印之际，嘱篇一序。余昔读书乡里，见诸老儒，遇有索其墨迹者，辄取先贤之言挥毫以应。时余年幼，不甚了解，但能记诵。后倾中原板荡，于流离颠沛之中，每忆向所记诵之言，一一皆为余之扶助。今读此书，如逢故旧，深感其语意平实，然其睿智足以洞明事理，练达人情，而一本于伦常恕道，如非读圣人书、学圣人行、而实有得于中者，莫能然也。宜乎灵岩一序，天下景从，蓬岛久藏，终于出见。愿笃同好者，读而思之，则于求学修道，得其助者，岂不多哉？

庐江徐醒民敬识

作者自序

余自道光丙午岁（1826年，道光二十六年），敬承先志，辑《几希录续刻》。刻工竣后，遍阅先哲语录，遇有警世名言，辄手录之。积久成帙，编为十类，题曰《觉觉录》。惟卷帙繁多，工资艰巨，未能遽（立即）付梓人。因将录内整句，先行刊布，名《格言联璧》，以公同好。至全录之刻，姑俟异日云。

咸丰元年辛亥（1851年）仲夏

山阴金缨兰生氏谨识

目　录

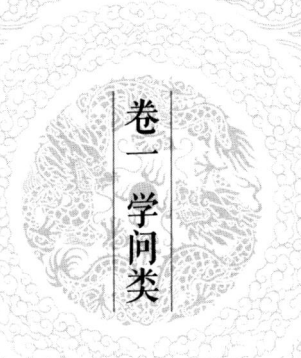

卷一　学问类

古今来许多世家，无非积德；

天地间第一人品，还是读书。

【原注】传家久远，总不外"读书积德"四字。

若纷纷势利，真如烟花过眼，须臾便灭。

古联云："树德乘鸿业。传经裕燕贻。"

又云："树德箕裘惟孝友，传家彝鼎在诗书。"

又云："天庥静迓惟为善，祖泽长延在读书。"

又云："欲高门第须为善，要好儿孙必读书。"

又云："立品定须成白璧，读书何止到青云。"皆格言也。

【译文】从古至今，家道能够流传久远的家族，靠的就是积累德行；人世间最高尚的品德，只有通过读书才能拥有。

读书即未成名，究竟人高品雅；

修德不期获报，自然梦稳心安。

【原注】不因果报方修德，岂为功名始读书。

【译文】读书即使不能让人成名，但也可以使人品行高雅；如果修养德行本就不期望获得回报，晚上做梦自然安稳，心境自然平和。

为善最乐；

读书便佳。

【原注】茅鹿门①云："人生在世，多行救济事。则彼之感我，中怀倾倒，浸入肝脾。何幸而得人心如此哉？此事之最乐而莫可加者也。若徒求诸几席之丰，堂构之美，润屋润身，相去殆有天壤之别矣。"

张扬园②云："人第见近世游庠序者，至于饥寒，衣冠之子，多有败行。遂以归咎读书，不知末世之习，攻浮文以资进取。未尝知读圣贤书之所以，是以失意斯滥，得意斯淫，为里俗所羞称尔。安可因噎而废食乎？试思子孙既不读书，则不知义理。一传再传，蚩蚩蠢蠢，有亲不知事，有身不知修，有子不知教，愚者安于固陋，黠者习为巧诈。循是以往，虽违禽兽不远，勿耻也。然则诗书之业，可不竭力世守哉？"

【注释】①茅鹿门：即茅坤（1512年~1601年）明代散文家、藏书家。字顺甫，号鹿门，归安（今浙江吴兴）人，明末儒将茅元仪祖父。嘉靖十七年进士，有《白华楼藏稿》，刻本罕见。行世者有《茅鹿门集》。②张扬园：张杨园，名履祥，字考夫，号念芝，因世居乌镇近郊炉头杨园村，人称杨园先生，为乌镇历史上的第一乡贤。他是明末清初著名的理学家，与吕留良、刘宗周是生死之交。

【译文】做善事让人最为快乐，读好书让人生更为美好。

诸君到此何为，岂徒学问文章，擅一艺微长，便算读书种子。

在我所求亦恕，不过子臣弟友，尽五伦本分，共成名教中人。

【原注】广州香山书院楹联。刘直斋①云："士先器识而后文艺。若夫少时无所持养，不为事亲从兄之事，不闻礼义廉耻之说，但为无根浮伪之文，骤登青云之路，其不蔑弃君亲，草菅人命者，鲜矣。"

【注释】①刘直斋：明朝学问家。

【译文】各位到这里来是为了什么？难道只是为了做学问、学习文章？难道有一技之长，便能算是读书人了？在我看来，我们所追求的不过是"恕"，尽到做父子、君臣、兄弟、朋友之道，尽五伦的本份，然后一起成为名教中人。

聪明用于正路，愈聪明愈好，而文学功名，益成其美；聪明用于邪路，愈聪明愈谬，而文学功名，适济其奸。

【译文】人的聪明如果用于正途，那么越聪明越好，而学问、功名也更能成就他的美德；人的聪明如果用于邪路，那么越聪明就会越是荒谬，因而学问、功名也就会反助他的奸邪。

祭虽有仪，而诚为本；丧虽有礼，而哀为本；士虽有学，而行为本。

【译文】祭祀虽然要讲究仪式，但最重要的是要以诚敬心为根本。丧事虽然讲求礼法，但重要的是要以哀戚心为根本。文人虽然讲求要有学问，但重要的是要以德行为根本。

飘风不可以调宫商，巧妇不可以主中馈，词章之士不可以治国家。

【译文】旋风不能用来调节音调，取巧的妇人不能管理好家务，只会做文章没有真才实干的人不能够治理好国家。

经济出自学问，经济方有本源；心性见之事功，心性方为圆满。舍事功更无学问，求性道不外文章。

【译文】经世济民的方法来自学问，只有具备学问，经世济民才有根源。心性要见于功绩，这样的心性才算圆满。舍弃了功绩便不会有学问，追求心性之道不外乎于文章。

何谓至行？曰庸行。何谓大人？曰小心。
何以上达？曰下学。何以远到？曰近思。

【译文】什么是最高尚的德行？就是平常的修行。什么是德行高尚的君子？就是谨言慎行的人。如何才能上达性与天道？就是要下学人间万事。如何才能达到高远的境界？就是要从思考切近性与天道的事情开始。

竭忠尽孝，谓之人；治国经邦，谓之学；安危定变，谓之才；经天纬地，谓之文；霁月光风，谓之度；万物一体，谓之仁。

【译文】能做到竭尽忠孝的人才能称为人。能够治国安邦的才能才叫做学问。能够化险为夷、平定叛乱的本领才叫做才能。能够平治天下的文字才叫做文章。能够做到心胸光明坦荡、包容万物，才叫做有气度。能够做到万物与我一体，才叫做仁慈。

以心术为本根，以伦理为桢干；以学问为菑畬，以文章为花萼；以事业为结实，以书史为园林；以歌咏为鼓吹，以义理为膏粱；以著述为文绣，以诵读为耕耘；以记问为居积，以前言往行为师友；以忠信笃敬为修持，以作善降祥为受用，以乐天知命为依归。

【译文】以存心为根本，以伦常大道为树干；以学问作为良田，把文章当作花萼；把事业作为果实，把书籍作为园林；以歌咏作为音乐，以义理作为食物；把著述作为纹饰，把读诵作为耕耘；以讨论学问当作累积，以古圣先贤的言行为师友，以敬忠笃信作为修行之本；

把行善降祥作为受用，把乐天知命作为最终归依。

凛闲居以体独，卜动念以知几；谨威仪以定命，敦大伦以凝道；备百行以考德，迁善改过以作圣。

【原注】刘忠介公①人谱六条。

【注释】①刘忠介公：指刘宗周。刘宗周（1578年～1645年），字起东，别号念台，明绍兴府山阴（今浙江绍兴）人，因讲学于山阴蕺山，学者称蕺山先生。明代最后一位儒学大师，也是宋明理学（心学）的殿军。他著作甚多，内容复杂而晦涩。他开创的蕺山学派，在中国思想史上影响巨大。清初大儒黄宗羲、陈确、张履祥等都是这一学派的传人。《人谱》是刘宗周的绝笔。他后来在绝食期间对儿子刘灿说："做人之方，尽于《人谱》。"

【译文】自己一人独处时要谨慎自己的行为，预知每一个念头来觉察隐微的征兆；我们应严肃威仪安于天命，敬人伦以成就圣贤之道；谨慎种种行为以考验自己的德行，改过向善以成就圣贤之德。

收吾本心在腔子里，是圣贤第一等学问；
尽吾本分在素位中，是圣贤第一等工夫。

【译文】把自己的本心存养在心中不妄动，这是圣贤最重要的学问；在自己位置上尽自己的本分，这是圣贤最要紧的功夫。

万理澄彻，则一心愈精而愈谨；
一心凝聚，则万理愈通而愈流。

【译文】事理都明白了，那么用心就会愈加精微而严谨；心能专一不散乱，那么事理就愈加通透而流畅。

　　宇宙内事，乃已分内事。
　　已分内事，乃宇宙内事。

【译文】世间的万事，应当视为自己分内的事；自己分内的事，其实也就是宇宙间的万事。

　　身在天地后，心在天地前。
【原注】康节①诗。
　　身在万物中，心在万物上。
【原注】白沙②诗，皆超然物表，读之作天际真人想。

【注释】①康节：即邵雍。邵雍（1011年~1077年）字尧夫，谥号康节，自号安乐先生、伊川翁，后人称百源先生。北宋哲学家、易学家，有内圣外王之誉。其先范阳（今河北涿县）人，幼随父迁共城（今河南辉县）。少有志，读书苏门山百源上。仁宗嘉祐及神宗熙宁中，先后被召授官，皆不赴。创"先天学"，以为万物皆由"太极"演化而成。著有《观物篇》《先天图》《伊川击壤集》《皇极经世》等。②白沙：指陈白沙，即陈献章（1428年~1500年），明代思想家、教育家、书法家、诗人，广东唯一一位从祀孔庙的明代硕儒，主张学贵知疑、独立思考，提倡较为自由开放的学风，逐渐形成一个有自己特点的学派，史称江门学派。

【译文】身出生在天地之后，心却在天地之前就灵明不昧了；身虽处万物之中周旋，而心却超然万物之上。

观天地生物气象，学圣贤克己工夫。

【译文】静察天地生发万物的气势形态，效法古圣先贤克己修身的工夫。

下手处是自强不息，成就处是至诚无妄。

【原注】陈榕门①云："自强不息，即诚之之功。可见诚字，乃彻上彻下道理，希圣希贤工夫。"

【注释】①陈榕门：即陈宏谋。陈宏谋（1696年~1771年）字汝咨。临桂（今广西桂林）人。雍正进士历官布政使、巡抚、总督，至东阁大学士兼工部尚书。在外任三十余年，任经十二行省，官历二十一职，所至颇有政绩，得乾隆帝信任。辑有《五种遗规》。乾隆三十六年卒。谥文恭。

【译文】学习圣贤工夫，下手处就是要效法天地的自强不息；成就处就在放下心中的妄念，达到至诚的境界。

以圣贤之道教人易，以圣贤之道治己难；
以圣贤之道出口易，以圣贤之道躬行难；
以圣贤之道奋始易，以圣贤之道克终难。

【原注】陈榕门云："以圣贤教人，似易实难。莫若先以圣贤

治己，人将慕而化之。即不然，而己不失为圣贤路上人，所得多矣。下二段，尤关吃紧。言行不符，是为假圣贤，始终不一，又成了两截人，必要一直认真做到底，方得。"

【译文】以圣贤之道教导他人容易，用圣贤之道律己却很难；说出圣贤之道容易，而实践圣贤之道很难；以圣贤之道去奋斗，开始很容易，但坚持圣贤之道至终却很难。

圣贤学问是一套，行王道必本天德。
后世学问是两截，不修己只管治人。
【原注】陈榕门云："一言学问，合下便当修己。不修己而治人，真谓之未尝学问。"

【译文】圣贤之道原本是一个大的条统，行王道必须要依循天德。后世的学人却相反，知行分离，不修养自身的德性，却只管治理别人。

口里伊周，心中盗跖，责人而不责己，名为挂榜圣贤。
独凛明旦，幽畏鬼神。知人而复知天，方是有根学问。

【译文】满口伊尹、周公，似乎满腹仁义道德，但内心却与盗跖一般邪恶无比，从来只责骂他人而不责怪自己，这种人被称为"挂榜圣贤"。白天能严肃独处，在暗处又能敬畏鬼神，知晓人事而又能明白天理，这才是真正有根的学问。

无根本底气节，如酒汉欧人，醉时勇，醒来退消，无分毫气力；无学问底识见，如庖人炀灶，面前明，背后左右，无一些照顾。

【原注】不知者赏其一时，惑其一偏，每击节叹服，信以终身。吁！难言也。

气节信不过人，有出于一时之感慨，则小人能为君子之事；有出于一念之剽窃，则小人能盗君子之名。亦有初念甚力，久而屈其雅操，当危能奋，安而丧其修持者，此皆不自涵养中来。若圣贤之学问，至死更无破绽。

【译文】没有根本的气节，就如醉汉醉酒打人，酒醉时勇敢无比，而酒醒后勇气全消，没有丝毫力气。没有学问的知见，就好像厨师面对炉灶，面前明亮而左右身后却无从照顾。

理以心得为精，故当沉潜，不然耳边口头尔。
事以典故为据，故当博洽，不然臆说杜撰也。

【译文】只有用心体会，事理才能理解精确，所以应当沉稳，不然只会成为耳边、口头的小事，过后就忘。事理要以典故为依据，所以应当广博学识，否则就成了随意推测，胡编乱造。

只有一毫粗疏处，便认理不真，所以说惟精。不然，众论淆之而必疑。只有一毫二三心，便守理不定，所以说惟一。不然，利害临之而必变。

【译文】做事只要有一点点疏漏，就会认理不确切，所以说要求精确，不然，众说纷纭，必然导致混乱而产生疑惑。做事如果有一点三心二意，便不能坚守事理。所以说要求专一，不然，遇利害时就必然会生乱而不能守理。

接人要和中有介，处事要精中有果，认理要正中有通。

【原注】陈榕门云："此三种是何等学识，何等作用，非浅学所可貌似。"

【译文】待人接物要平和而有原则，处理事情要精细而果断，对待事理要正直而通达。

在古人之后，议古人之失，则易；处古人之位，为古人之事，则难。

【原注】一恕字尽之，恕则公，恕则厚。其理如此。

【译文】生于古人之后而议论古人的过失容易，假如处在古人的位置做古人的事则很难。

古之学者得一善言，附于其身；今之学者得一善言，务以悦人。

【译文】古时候的学者得一句善言，便会身体力行；现在的学者得一句善言，则一定会想取悦别人。

古之君子病其无能也，学之；
今之君子耻其无能也，讳之。

【原注】吕新吾①云："学者不长进，其病根只在护短，恐人笑己之不知也。一笑即耻，而终身之笑，顾不耻乎？"

【注释】①吕新吾：即吕坤（1536年~1618年），字叔简，号新吾，宁陵人。万历二年进士，历官山西巡抚，留意风教，举措公明，擢刑部侍郎。立朝持正，以是为小人所不悦，欲中以奇祸，遂致仕，年八十三卒。坤少时资质鲁钝，读书不能成诵，乃澄心体认，久知了悟。十五读性理书，欣然有会，遂孜孜讲学，以明道为己任。著有《呻吟语》《去伪斋文集》等。

【译文】古时候的君子害怕别人耻笑自己无能，所以努力学习。而现在的君子担心别人耻笑自己无能，尽力掩饰，非常避讳自己的过失。

眼界要阔，遍历名山大川；

度量要宏，熟读五经诸史。

【译文】要想眼界开阔，则要游历名山大川。要想具有宽宏的气度，则必须要熟读五经及历史文献。

先读经后读史，则论事不谬于圣贤；既读史复读经，则观书不徒为章句。

【译文】先读经书后读史籍，那么议论事理时就不会与圣贤言词相悖。读了史籍又再读经书，那么读书就不只是为了摘章引句。

读经传则根柢厚，看史鉴则事理通；观云天则眼界宽，去嗜欲则胸怀净。

【译文】诵读经传，学问就会根底深厚；阅看史籍，对事理就能通达。观云破天开，眼界就会开阔；去除欲念嗜好，心胸就会澄澈。

一庭之内，自有至乐；六经以外，别无奇书。

【译文】一家之内，自有天伦之乐；六经以外，再也找不到更精深的书了。

读未见书，如得良友。

见已读书，如逢故人。

【译文】读未曾读过的书，就像遇到了良师益友；看到已读过的书，就好像碰到了老朋友。

何思何虑，居心当如止水；
勿助勿忘，为学当如流水。

【译文】何必思考，何必忧虑，居心应如止水般宁静。不要急躁，不能忘失，读书应当像流水一样永不停止。

心不欲杂，杂则神荡而不收；
心不欲劳，劳则神疲而不入。
【原注】用功过勤者，心力既疲，未见得手，须于诵读之余，闭目静坐，养其神气，令此心如鱼之在水，如鹤之在空。悠悠洋洋、活活泼泼，是读书之至乐也。

【译文】心神不能杂乱，杂乱则会精神恍惚而无法收聚；心神不能劳累，劳累则会精神疲倦而没有收获。

心慎杂欲，则有余灵。
【原注】心欲其时时结聚，结聚则聪明生。
目慎杂观，则有余明。

【译文】内心谨慎，摒除杂念，那么心神就会安详。眼神谨慎，非礼勿视，那么心神就会自然清澈。

案上不可多书，心中不可少书。鱼离水则身枯，心离书则神索。

【原注】张梦复①云："读书可以增长道心，为颐养第一法。"

【注释】①张梦复：清朝学者。

【译文】书桌上的书不能太多，而心中的书却不能太少。鱼儿离开了水，身体就会干枯；心中没有了书，精神就会恍惚没有寄托。

志之所趋，无远勿届，穷山距海，不能限也；
志之所向，无坚不入，锐兵固甲，不能御也。

【原注】朱文公①云："书不记，熟读可记；义不精，细思可精。惟有志不立，直是无着力处。只如而今贪利禄而不贪道义，要做贵人而不要做好人，皆是志不立之病。"

【注释】①朱文公：指朱熹（1130年~1200年），字元晦，一字仲晦，号晦庵，晚称晦翁，谥文，亦称朱文公。

【译文】心之所趋，没有不能达到的地方，即使山海阻隔也不能限制；心之所向，没有不可攻克的坚城，即使拥有锐利的兵器和坚固的铠甲也不能抵挡。

把意念沉潜得下，何理不可得？把志气奋发得起，何事不可为？

【原注】今之学者，将个浮躁心观理，将个委靡心临事，只模糊过了一生。

【译文】只要能意念沉稳，什么事理不能通达？只要能树立志向发愤图强，什么事情不能成功？

不虚心，便如以水沃石，一毫进入不得。

【原注】许鲁斋①云："读书最怕是自满，惟虚故能受。满则无所容，学者当佩斯言。"

不开悟，便如胶柱鼓瑟，一毫转动不得。

【原注】陈子兼②云："读书须知出入法，始当求所以入，终当求所以出。见得亲切，此是入书法；用得透脱，此是出书法。"

不体认，便如电光照物，一毫把捉不得。

【原注】薛文清公③云："为学不是虚谈道理，须于应事接物时，随处详审体察。若泛观天下之理，而不知善处事物，究于实际何补？"

不躬行，便如水行得车、陆行得舟，一毫受用不得。

【原注】高忠宪公④云："学者读书，须要句句反到自己身上来看，一面思索体认，一面反躬实践，这才是读书。"

【注释】①许鲁斋：许衡。金元之际南方理学北传的倡导人物之一。②陈子兼：陈善，字子兼，一字敬甫，号秋塘，罗源人，约宋高宗绍兴中前后在世。有《扪虱新话》十五卷，《四库总目》传于世。③薛文清公：薛瑄（1389年~1464年），字德温，号敬轩，谥文清。山西河津县平原村（今属万荣县）人。明代著名理学家，河东学派的缔造者。④高忠宪公：高攀龙（1562年~1626年），字存之，又字云从，江苏无锡人，世称"景逸先生"。明朝政治家、思想家，东林党领袖，"东林八君子"之一。

【译文】读书如果没有虚心的态度，就好像用水浇石头，水一点都进不去；读书如果不能领悟，就好像胶住的瑟弦，一点点都转动不得；读书如果不体验认识，就好像闪电照物，一点也把抓不到；读书如果不能身体力行，就好像在水中行车，陆上行舟，一点用处都没有。

读书贵能疑，疑乃可以启信；

【原注】陈白沙云："疑者觉悟之机，知其可疑而思问焉，其悟自不远矣。若徒以为晓得，便竟住了，大无益。"

读书在有渐，渐乃克底有成。

【原注】吕新吾云："天地所以循环无端，积成万古者，只有四个字，曰无息有渐。为学亦然。"

【译文】读书贵在能够存疑，有存疑才可以启信；读书贵在循序渐进，渐进不止才能够有所成就。

看书求理，须令自家胸中点头；

与人谈理，须令人家胸中点头。

【原注】老妪能解之诗，便是幼妇绝妙好词，行文而如鬼咒神谶。尔虽得意，谁为点头？

【译文】读书要明白事理，必须让自己感到心心相印；与别人谈论道理，必须要让别人暗暗点头。

爱惜精神，留他日担当宇宙；蹉跎岁月，尽此身污秽乾坤。戒浩饮，浩饮伤神；戒贪色，贪色灭神；戒厚味，厚味昏神；戒饱食，饱食闷神；戒妄动，妄动乱神；戒多言，多言损神；戒多忧，多忧郁神；戒多思，多思挠神；戒久睡，久睡倦神；戒久读，久读苦神。

【原注】人之一生，只靠这精神干事，精神不旺，昏沉到底。人若调养得精神完固，不怕文字无解悟，无神气。此是举业最上乘。

朱子曰："关了门，闭了户，把截四路头，正读书时也。"何谓四路头？人心纷扰，要长要短，皆是路头。须是一切断绝，养心莫善于寡欲，件件看破，都没要紧，件件寡去，寡之又寡，以至于无，则此心空明灵妙，人品自高，文章自妙，此为善读书之本。

高忠宪《杂训》曰："男儿七尺之躯，顶天立地，如何开口道个求字？"《孟子》齐人一章，便是这个字的行状。至今读之汗颜，不可作等闲认也。就命上看，人生穷达利钝，即堕地一刻，都已定下，如何增损得些子？鸡鸣夜深初醒，便须打一日之勾当，不使闲过。于此愤然发个志气，曰吾欲云云，当作何云，转眼青山落红日，又蹉过一日矣。

刘念台①家塾规，士大夫当以学术为蓄畬，以心术为本根，以伦理为枝干，以事业为果实，若文章则花萼也。

学贵知疑，小疑则小进，大疑则大进。疑者觉悟之机也。一番觉悟，一番长进。

经书养人根本，史书开人才思。

进道入德，莫要于有恒。天道只是个恒，每日定准是三百六十五度四分度之一，分毫不损不加，流行不缓不急，而万古不息，万物得所。语云："有勤心，无远道。"蓼花庵训言。

【注释】①刘念台：即刘宗周。

【译文】要爱惜自己的精神，以备日后担当大任；虚度光阴，尽此一生只是玷污了这个世界。戒酗酒，酗酒伤神。戒色欲，好色腐蚀精神。戒美味，美味使人智昏。戒饱食，饱食让人沉郁。戒乱动，乱动使人神乱。戒多说，多说损害精神。戒多忧，多忧抑郁精神。戒多思，多思扰乱精神。戒久睡，久睡易使精神疲倦。戒久读，久读易使精神劳累。

卷二 存养类

性分不可使不足，故其取数也宜多，曰穷理，曰尽性，曰达天，曰入神，曰致广大，极高明。

情欲不可使有余，故其取数也宜少，曰谨言，曰慎行，曰约己，曰清心，曰节饮食，寡嗜欲。

【译文】人的本性不能不完全显明，所以其显明也应多样，例如穷理、尽性、达天、入神、广大、穷极高明。人的情欲不可让其完全放纵，所以在在处处应控制，如谨言、慎行、克己、清心、节制饮食，减少嗜好。

大其心，容天下之物，虚其心，受天下之善，平其心，论天下之事，潜其心，观天下之理，定其心，应天下之变。

【原注】炼心如炼金，百炼而后为真金，百炼而后为真心。

【译文】宽广心胸，以容纳天下万物，心怀谦虚，以接受一切美好人事，平心静气，以评议天下之事，潜心定气，以观察天下事理，安定心神，以应对天下万事之变。

清明以养吾之神，湛一以养吾之虑，沉警以养吾之识，刚大以养吾之志；

果断以养吾之才，凝重以养吾之气，宽裕以养吾之量，严峻以养吾之操。

【原注】冯少墟①云："凡人拈花弄月，寻山问水，便觉天趣盎然。而况存心养性，直达真源。上下古今，都在这里，此中乐趣，更复何如。"

【注释】①冯少墟：即冯从吾，字仲好，号少墟，西安府长安（今陕西西安人）。生于明嘉靖三十六年（1557年），卒于明熹宗天启七年（1627年），著名思想家、教育家，为关学在明代重要传人。

【译文】处事清明以培养神情，追求精湛以培养思虑，沉着警觉以培养见识，刚强大度以培养志向，遇事果断以培养才能，处事凝重以培养气度，宽大丰裕以培养雅量，严峻肃然以培养操守。

自家有好处，要掩藏几分，这是涵育以养深。别人不好处，要掩藏几分，这是浑厚以养大。

【译文】自己有优点，要遮掩几分，这是培养深厚的涵养。别人有缺点，要替他掩饰几分，这是培养浑厚大气的风度。

以虚养心，以德养身。
以仁养天下万物，以道养天下万世。

【译文】用谦虚来养心，以德性培养身。以仁爱来对待天下万物，以大道来滋养天下万世。

涵养冲虚，便是身世学问。

【原注】刘念台云："涵养全得一缓字，凡语言动作皆是。"

刘直斋①云："存心养性，须要耐烦、耐苦、耐惊、耐怕，方得纯熟。"

省除烦恼，何等心性安和。

【原注】世人遇不如意事，动辄烦恼，而烦恼无补于事，徒自增苦。惟有耐心料理，勿更添此一重缠缚。

【注释】①刘直斋：即明代著名理学家刘源禄，字崑右，号直斋。

【译文】涵养虚心，便是做人处世的学问；去除烦恼，内心自然会非常祥和。

颜子四勿①，要收入来，闲存工夫，制外以养中也；

孟子四端②，要扩充去，格致工夫，推近以暨远也。

【注释】①四勿：非礼勿视，非礼勿听，非礼勿言，非礼勿动。语出《论语·颜渊》：颜渊问仁。子曰："克己复礼为仁。一日克己复礼，天下归仁焉。为仁由己，而由人乎哉？"颜渊曰："请问其目。"子曰："非礼勿视，非礼勿听，非礼勿言，非礼勿动。"颜渊曰："回虽不敏，请试斯语矣。"②四端：孟子曰："恻隐之心，仁之端也；羞恶之心，义之端也；辞让之心，礼之端也；是非之心，智之端也。"

【译文】颜子"四勿"要收入心中来，克制外界，闲邪存诚的工夫，就是培养内在。孟子的"四端"要扩充出去，格物致知的工夫，要由近及远加以推展。

喜怒哀乐而曰未发，是从人心直溯道心，要他存养；
未发而曰喜怒哀乐，是从道心指出人心，要他省察。

【译文】喜怒哀乐之情称其未发之时，这是从人心直溯道心，要存养起来；

在未发之前而谈喜怒哀乐，这是从道心指出人心，要懂得省察。

存养宜冲粹，近春温；省察宜谨严，近秋肃。

【译文】修养自己的德性应当冲淡而纯粹，像春天一样温暖；省察自己的过失应当谨慎而严格，像秋天一样肃然。

就性情上理会，则曰涵养；就念虑上提撕，则曰省察；就气质上销镕，则曰克治。

【原注】省克得轻安，即是涵养，涵养得分明，即是省克，其实一也，皆不是落后着事。

涵养与克治，是人心双轮。入门之始，克治力居多；进步之后，涵养力居多；及至车轻路熟时，不知是一是二。

先儒每言存养省察，毕竟工夫以省察人。若不能省察，说甚存养。

真文忠①云："治心如治病。然省察者，切脉而知疾也；克治者，用药以去疾也；存养者，则又保护元气，以杜未形之疾者也。"

【注释】①真文忠：即真德秀，字景元，后更为希元，福建浦城（今浦城县仙阳镇人）本姓慎，因避孝宗讳改姓真。生于宋孝宗淳熙五年（1178年），卒于宋理宗端平二年（1235年）。真德秀是南宋后期与魏了翁齐名的一位著名理学家，也是继朱熹之后的理学正宗传人。

【译文】从性情上做工夫就叫涵养，从动念上提醒就叫省察，在气质的消融就叫克治。

一动于欲，欲迷则昏；一任乎气，气偏则戾。

【原注】人于初起念时，即便回心一想，其是非固自较然。非者去之，是者存之。克己工夫，即从此初念克起；行善工夫，即从此初念行起。

【译文】人一旦为欲望所动，欲望让人迷惑而变得昏庸；人一旦随意动气，就会变得偏激而且暴戾。

人心如谷种，满腔都是生意，物欲锢之而滞矣。然而生意未尝不在也，疏之而已耳；

人心如明镜，全体浑是光明，习染熏之而暗矣。然而明体未尝不存也，拭之而已耳。

【原注】惟有内起之贼，从意根受者不易除，加之气拘物蔽，则表里夹攻，更无生意可留，明体可觌矣。是谓丧心之人，君子惓惓于慎独以此。

【译文】人心好比稻谷的种子，满腹都是生机，只因物欲掩盖了生机而使之滞涩，但是其生机并未消失，只是疏远了而已；人心有如一面明镜，全身充满着光明，只因沾染了外在的污垢而变得暗淡，然而光明并未消失，只不过需要擦拭而已。

果决人似忙，心中常有余闲；因循人似闲，心中常有余忙。

【原注】应事接物，常觉得心中有从容闲暇时，才见涵养。若应酬时劳扰，不应酬时牵挂，极是吃累的。

【译文】行事果决的人看起来好像很忙，其实心中常觉空闲；因循苟且的人看起来闲暇，其实心中常有牵念。

寡欲故静，有主则虚。

【原注】不为外物所动之谓静，不为外物所实之谓虚。

吕新吾云："心要如天平然，任物之去来。只是静虚中正，何等自在。"

【译文】欲望少，所以遇事能心静；有主见，所以处事能虚心。

无欲之谓圣，寡欲之谓贤；

多欲之谓凡，徇欲之谓狂。

【原注】用力寡之，斯寡矣，其治本在敬。不用力寡之，则必至于徇，其病本在怠。

周石藩①云："寡欲极是难事，盖必见理亲切。将'义命'二字守得牢固，则心地自然明白，魂梦自然受用，而欲乃不得而入之。若心上打扫不清，则穷通得丧，当吃紧之际，未有不潜移而默夺者。此素位不愿外之所以难也。"

【注释】①周石藩：清代学者。

【译文】没有欲念的人叫做圣人，清心寡欲的人叫做贤人，欲望众多的人叫称为凡人，纵欲妄为的人则是狂人。

人之心胸，多欲则窄，寡欲则宽。

人之心境，多欲则忙，寡欲则闲。

人之心术，多欲则险，寡欲则平。

人之心事，多欲则忧，寡欲则乐。

人之心气，多欲则馁，寡欲则刚。

【原注】须把心头打叠干净，浑如楼阁在空中，何等潇洒自在。故孟子云："养心莫善于寡欲。"

【译文】人的心胸，如果欲望多就会变得狭窄，欲望少则会变得宽广。人的心境，如果欲念多就会变得忙乱，欲念少则会变得悠闲。人的心术，如果欲念多就会变得险恶，欲念少则会变得平和。人的心事，如果欲念多就会变得忧愁，欲念少则会变得快乐。人的心气，如果欲念多就会变得软弱，欲念少则会变得刚强。

宜静默，宜从容，宜谨严，宜俭约，四者切己良箴。

忌多欲，忌妄动，忌坐驰，忌旁骛，四者切己大病。

【原注】时时遵此修持，则心自凝。

【译文】安静而少说话，遇事从容不迫，处事严谨，生活俭约，这是关切己身的良言；切忌多欲，盲目行事，心不在焉，不专心，这是关切己身的大病。

常操常存，得一恒字诀。

勿忘勿助，得一渐字诀。

【译文】时常提起，时常存养这颗心，就得到一个"恒"字秘诀；想要不忘记而又不会太着意，就得到一个用"渐"的秘诀。

敬守此心，则心定；敛抑其气，则气平。

【译文】能够以敬来守住自心，则心安定；能够以收敛来抑制浮躁的气质，则气平和。

人性中不曾缺一物，人性上不可添一物。

【译文】人性中具足一切的德能，不曾缺少任何东西，也无需添加任何东西。

君子之心，不胜其小，而器量涵盖一世。
小人之心，不胜其大，而志意拘守一隅。

【译文】君子心无杂念，所以气量宏大而涵盖一切；小人欲望繁多，所以气度狭小而偏于一隅。

怒是猛虎，欲是深渊。
忿如火，不遏则燎原。
欲如水，不遏则滔天。
【原注】故君子立身，其大要在乎惩忿窒欲。

【译文】怒火如同猛虎伤人，欲念如同深渊难填。忿怒如大火，如果不遏制则如可烧毁一切；欲望像洪水，不遏制则如将淹没一切。

惩忿如摧山，窒欲如填壑，

惩忿如救火，窒欲如防水。

【原注】《集古录》云："学者之惩忿窒欲，即使八战八克，终惧冷灰之复燃。倘其七纵七擒，必至狂澜之横决，直须一刀两断，方可彻底澄清。"

【译文】控制怒火要像摧毁山陵般坚定，断除欲望有如填埋深渊般坚决；控制怒火要像救火一样迅速，断除欲望要像防阻洪水一样果敢。

心一模糊，万事不可收拾；心一疏忽，万事不入耳目；心一执着，万事不得自然。

【译文】如果用心模糊，那么凡事都不能做好；如果用心疏忽，那么凡事都不能专心；如果用心执着，那么万事都不得自然。

一念疏忽，是错起头；一念决裂，是错到底。

【译文】一念的疏忽，便是错误的开始；一念不能善始善终，将会一错到底。

古之学者，在心上做工夫，故发之容貌，则为盛德之符。

今之学者，在容貌上做工夫，故反之于心，则为实德之病。

【原注】陈榕门云："诚于中自然形于外，制乎外所以养其中。"

【译文】古时候的学者，在内心上下功夫，所以表现在容貌上便是德高望重的标志。现在的学者，只在外表上下功夫，所以对于内在的涵养来说便是德行的缺失。

只是心不放肆，便无过差；只是心不怠忽，便无逸志。

【译文】只要心不放纵就不会出现过错；只要心不疏怠便不会有不能坚持的志向。

处逆境心，须用开拓法。

【原注】智慧如镜，富贵福泽，其翳之者也。困苦艰难，其磨之者也。

【原注】徐曙庵云："最妙是一个逆字。今人处顺境，现成受享，有何意味？惟逆则艰难险阻中，陶炼得几许事业，故逆来顺受四字，随在当有自得处。"

处顺境心，要用收敛法。

【原注】薛文清云："国以逸欲而亡，家以逸欲而败，身以

逸欲而为昏愚，为戕贼，患无不至。盖忧患是天理之行，震动惊醒，心胆变换之地，安乐是人欲之窟、般乐怠傲、志溺魂销之地。故孟子云：'生于忧患，死于安乐。'古语云：'富贵不与骄奢期，而骄奢至；骄奢不与死亡期，而死亡至。'处顺境者，可以知所警矣。"

【译文】处劣境时，必须勇于开拓，磨砺自己；处顺境时，应收敛约束自己，避免放纵。

世路风霜，吾人炼心之境也；世情冷暖，吾人忍性之地也；世事颠到，吾人修行之资也。

【译文】人生道路的困苦，可锻炼我们的心境；世间的人情冷暖，可磨炼我们的耐性；世事颠到，黑白不分正是我们修行的凭借。

青天白日的节义，自暗室屋漏中培来；旋乾转坤的经纶，自临深履薄处得力。

【译文】高洁、光明磊落的节操，是在暗室屋漏中人不见处培植起来的；扭转乾坤的治世谋略，是从临深履薄的战兢惕厉处磨砺得来的。

名誉自屈辱中彰，德量自隐忍中大。

【原注】尹和靖①云："莫大之祸，皆起于须臾之不能忍，不可不谨。"

薛文清云："必能忍人不能忍之触忤，斯能为人不能为之事功。"又云："自古大智大勇，必能忍小耻小忿，皆是享福德处。"

颜光衷云："每任天下事，则是非交集，非受垢受不祥，火气都尽，未有能休休有容，沉默济世者也。故世间大丈夫，每以忍辱为第一精进。"

【注释】①尹和靖：即尹焞，字彦明，一字德充。宋朝学者。先生乃伊川先生之高足，嘉遁涵养，志尚高洁。今有其《和靖先生集》及《论语解》传世。

【译文】名誉和声望在屈辱中得以彰显，德行和度量在忍耐中得到壮大。

谦退是保身第一法，安详是处事第一法，涵容是待人第一法，恬淡是养心第一法。

【译文】谦虚退让是保身的最好方法，安静祥和是处事的最好方法，包涵容忍是待人的最好方法，恬静淡然是养心的最好方法。

喜来时一检点，怒来时一检点，怠惰时一检点，放肆时一检点。

【原注】刘念台云："易喜易怒，轻言轻动，只是一种浮气用

事。此病根最不小，如今要将此种浮气，觅个销归安顿处。"

平时养得定了，自然发而中节。

【译文】高兴时，发怒时，急惰时，以及放肆时都要注意检点自己的行为。

自处超然，处人蔼然，无事澄然；
有事斩然，得意淡然，失意泰然。
【原注】非有盛养之功者，不能到此。

【译文】独处时超然物外，待人时亲切和蔼，无事时清澈安宁，有事时果断干脆，得意时平静淡然，失意时顺其自然。

静能制动，沉能制浮，宽能制褊，缓能制急。

【译文】恬静能够克服躁动，沉着能够克制轻浮，宽容能够制止偏狭，舒缓能够抑制急躁。

天地间真滋味，惟静者能尝得出；
天地间真机括，惟静者能看得透。
【原注】灯动则不能照物，水动则不能鉴物。人性亦然，动则万理皆昏，静则万理皆澈。

静之一字，十二时离了一刻不得，才离便乱了。门尽日开阖，枢常静；妍媸尽日往来，镜常静；人尽日应酬，心常静。惟静也，故能主张得动。若逐动而去，应事定不分晓，就是睡时，此念不静，做个梦儿也胡乱。

　　人心至活，倏忽之间，起灭万状，未有无所事事而能悬空守之者。初入静者，不知摄持之法，必须涵咏圣贤之言，使义理津津悦心，方得天机流畅，断不可空持硬守也。

　　【译文】天地自然间的真谛，只有心静的人才能体味明白。天地宇宙间的玄妙，只有心静的人才能看得透彻。

　　有才而性缓，定属大才；
　　有智而气和，斯为大智。

　　【译文】有才能且性情舒缓的人，一定是大才；有智慧且心气平和的人，一定是大智之人。

　　气忌盛，心忌满，才忌露。

　　【译文】心气切忌高傲，心志切忌自满，才情切忌外露。

　　有作用者，器宇定是不凡。
　　有智慧者，才情决然不露。
　　【原注】口头有一句话，定要说出；胸中有一毫才，决要露

出。只是量窄，然因其无量，即以卜其无福。

【译文】有作为之人，气度一定不凡；有智慧之人，才情决不显露。

意粗性躁，一事无成。

【原注】冲繁地，顽钝人，拂逆时，纷杂事，此中最好养火。若决裂愤激，不但无益，而事卒以偾，人卒以怨，我卒以无成，是谓至愚。耐得过时，便有无限受用处。人性褊急则气盛，气盛则心粗，心粗则神昏。其处事也，不能再思；其与人也，不能三反；其治家也，不能百忍，乖舛缪戾，可胜言哉。

吕新吾云："天下之物，舒徐柔和者多长，迫切急躁者多短。人生寿夭祸福，无不皆然，褊急者可以思矣。"

心平气和，千祥骈集。

【原注】吕新吾云："心平气和四字，非有涵养者不能做，工夫只在个定火。火定则百物兼照，万事得理。若一动火，则神昏气乱，便种种都不济了。"又云："涵养不定底，恶言到耳。先思驭气，气平再没错着。"

陈榕门云："定火工夫，不外以理制欲。理胜则气自平矣。"

【译文】心性急躁之人，必定难成大事；心气平和之人，才能聚集祥瑞。

世俗烦恼处，要耐得下；世事纷扰处，要闲得下；胸怀牵缠处，要割得下；境地浓艳处，要淡得下；意气忿怒处，要降得下。

【译文】面对世俗烦恼，要能忍耐；对于世事纷扰，要能闲适；对于心中的牵挂，要抛得开；面对浓艳境地，要能淡然；失意愤怒之时，要能稳定情绪。

以和气迎人，则乖沴灭；以正气接物，则妖气消；以浩气临事，则疑畏释；以静气养身，则梦寐恬。

【原注】非生平有养气工夫者，不克语此。

【译文】以和气待人，则暴戾之气就会平息；以正气待物，则奸邪之气就会消散；以恢宏大气处事，则疑惧就会消释；以宁静之心养身，则睡梦就会恬静。

观操存在利害时，观精力在饥疲时，观度量在喜怒时，观镇定在震惊时。

【译文】看一个人的操守如何，要在其面临利害得失之时；看一个人的精力如何，要在其饥饿疲倦之时；看一个人的度量如何，要在其面临大喜大怒之时；看一个人是否镇定，要在其面对惊吓之时。

大事难事看担当，逆境顺境看襟度；
临喜临怒看涵养，群行群止看识见。

【译文】面对大事与难事，可看出一个人的责任担当如何；面对顺境或逆境，可看出一个人的胸襟气度如何。面临喜、怒之事，可以看出一个人的涵养如何；与众人相处之时，可以看出一个人的见识如何。

轻当矫之以重，浮当矫之以实；
褊当矫之以宽，执当矫之以圆；
傲当矫之以谦，肆当矫之以谨；
奢当矫之以俭，忍当矫之以慈；
贪当矫之以廉，私当矫之以公；
放言当矫之以缄默，好动当矫之以镇静；
粗率当矫之以细密，躁急当矫之以和缓；
怠惰当矫之以精勤，刚暴当矫之以温柔；
浅露当矫之以沉潜，忌刻当矫之以浑厚。

【原注】此变化气质工夫也，忍当矫之以慈。此忍字，指残忍，非容忍及忍辱也。

【译文】轻浮应以稳重来矫正，浮躁应以踏实来矫正，狭隘应以宽宏来矫正，固执应以圆润来矫正，傲慢应以谦虚来矫正，放纵应以谨慎来矫正，奢侈应以节俭来矫正，残忍应以仁慈来矫正，贪婪应以廉洁来矫正，自私应以公心来矫正，话多应以缄默来矫正，好动应以镇静来矫正，粗率应以细密来矫正，躁急应以和缓来矫正，怠惰应以精勤来矫正，刚强应以温柔来矫正，浅露应以沉稳来矫正，刻薄应以淳厚来矫正。

卷二　持躬类

聪明睿知，守之以愚；

功被天下，守之以让；

勇力振世，守之以怯；

道德隆重，守之以谦。

【译文】聪明睿智，应当以愚钝之心来保持；盖世奇功，应当以谦让之心来保持；惊世勇力，应当以怯懦之心来保持；高德重望，应当以谦虚之心来保持。

不与居积人争富，不与进取人争贵，不与矜饰人争名，不与少年人争英俊，不与盛气人争是非。

【原注】陈榕门云："皆退一步想。"

《谈古录》云："新吾先生五不争，其一曰不与盛气人争是非。窃谓是非亦不可不争，但彼以盛气加之，我以和气应之，可也。程明道与王安石论新法不合，安石勃然发怒，明道霁色语之曰：'天下事非一人之私议，愿公平心以听之。'安石为之屈服。此与盛气人争是非之法也。"

【译文】不和囤积居奇的人比财富，不与有企图的人争地位，不和骄矜掩饰的人争名声，不和年轻人比相貌，不和脾气暴躁的人争是非。

富贵，怨之府也；才能，身之灾也；
声名，谤之媒也；欢乐，悲之渐也。

【原注】只是常有惧心，退一步做，见益而思损，持满而思溢，则免于祸。

【译文】财富和地位，往往是怨恨聚集的所在；才华与能力，往往就是导致灾祸的根源；名望与声誉，常常是招致谤毁的媒介；欢欣和快乐，常常是悲哀滋长的开始。

浓于声色，生虚怯病；浓于货利，生贪饕病；浓于功业，生造作病；浓于名誉，生矫激病。

【原注】万病之毒，皆生于浓。吾以一味解之曰淡。夫鱼见饵不见钓，虎见羊不见阱，猩猩见酒不见人，非不见也，迷于其欲而不暇顾也。此心一淡，则艳冶之物不能移，热闹之境不能动。夫能知困穷抑郁，贫贱坎坷之为祥，则可与言道矣。

【译文】过分迷恋于声色，容易生出虚怯的毛病来；过分追求钱财利益，就会生出贪得无厌的毛病来；热衷于功名成就，容易生出虚情假意的毛病来；过分追求声誉名望，就会生出矫情偏激的毛病来。

想自己身心，到后日置之何处；

顾本来面目，在古时像个甚人。

【原注】方格敏公①云："人之为人有几等，总要为不可少之人。若庸庸碌碌，可有可无，是谓醉生梦死，污秽天壤，虽富贵不足齿数也。幸生其间者，不可不知有生之乐，亦不可不怀虚生之忧。"

【注释】①方格敏公：即方观承（1698年~1768年）字遐谷，号问亭，一号宜田，安徽桐城人（今桐城城区凤仪里人）。平郡王幕客。以荐赐中书，官直隶总督，为有清一代名臣，著名的乾隆"五督臣"之一。谥属敏。

【译文】要时常存想自己的身心，在死后将被后人置于何处？要常常省察自己的面目，在古人面前像个什么样的人物？

莫轻视此身，三才在此六尺；

莫轻视此生，千古在此一日。

【原注】古语云："此身不向今生度，更向何生度此身。"盖同此日也。以之作恶，则无穷之祸基于此日；以之为善，则不朽之业亦基于此日。苟不弃时，而此心快足，虽夕死何恨。不然，即百岁幸生尔。

【译文】不要轻视自己的身体，天、地、人三才的精华都蕴藏在这六尺身中；不要轻视今生的每一时刻，千古的功业都在这一时一刻的积累。

醉酒饱肉，浪笑恣谈，却不错过了一日；

妄动胡言，昧理从欲，却不作孽了一日。

【原注】无论造孽结怨，而把弥天盖地的力量，积庆垂庥的日子，忙过错过，岂不可惜？

【译文】整天喝酒吃肉，胡言浪笑，难道不是白白浪费了一天吗？胡作非为，胡言乱语，蛮横无理，放纵欲望，岂不是又积累了一天的罪孽？

不让古人，是谓有志；不让今人，是谓无量。

【译文】敢于与古人一争高低，这叫有志气；在同时代人面前不虚心，这叫没气量。

一能胜千，君子不可无此小心；

吾何畏彼，丈夫不可无此大志。

【译文】一件小恶会毁掉前面的千善，君子不能没有这样的警惕心；（自省心安理得）我有什么可畏惧的呢？大丈夫不能没有这样的志向。

怪小人之颠倒是非，不知惯颠倒方为小人；

惜君子之受世折磨，不知惟折磨乃见君子。

【原注】或问人遭患难，是不幸事，曰患难亦是不经事人良药。明心炼性，通变达权，正在此处得力。人生最不幸处，是偶一失言而祸不及，偶一失谋而事幸成，偶一恣行而获小利。后乃视为故常，恬不为意，则败行丧检，莫大之患，由此生矣。

【译文】责怪小人的颠倒是非，却不知道正是因为颠倒是非才让他成为了小人；怜惜君子遭受世间的磨难，却不知道只有在磨难之中才能考验出是不是真君子？

经一番挫折，长一番识见；容一番横逆，增一番器度；省一分经营，多一分道义；学一分退让，讨一分便宜；增一分享用，减一分福泽；加一分体贴，知一分物情。

【译文】经历一番挫折，才能增长一分见识；容纳一番横暴无理之举，才能增一分度量；少一分算计，多一分道义；能多一分谦让，便可得一分便宜；多增加一分享受，则会减少一分福气；多一分体贴，便多知晓一分人情世故。

不自重者取辱，不自畏者招祸，不自满者受益，不自是者博闻。

【译文】不知自重自爱的人，往往自取其辱；没有畏惧心的人，往往会自招灾祸；不会自我满足的人，往往能得到裨益；不自以为是的人，往往能增长见识。

有真才者，必不矜才；
有实学者，必不夸学。

【译文】有真才干的人，不会恃才自傲；有真学问的人，不会自夸学问。

盖世功劳，当不得一个矜字；
弥天罪恶，当不得一个悔字。

【译文】即使有盖世奇功，也经不起一个"矜"（居功自傲）字消耗；纵使有滔天的罪恶，也经不起一个"悔"（忏悔改过）字弥补。

诿罪掠功，此小人事；
掩罪夸功，此众人事；
让美归功，此君子事；
分怨共过，此盛德事。

【原注】陈榕门云："让美归功，功自易集；分怨共过，过亦何伤？此惟明于大体而存心公恕者能之。"

【译文】推诿过错、抢夺功劳，是小人的本事；掩饰罪过、夸耀功劳，是常人的行为；谦让好事、推功于人，是君子的行为；替人分怨、共担过错，是有德之人的行为。

毋毁众人之名，以成一己之善。

【原注】世之人常把好事让与他人做，而甘居己于不肖，又要掠个好名儿在身上，反诋他人为不肖。悲夫，是益其不肖也。

毋没天下之理，以护一己之过。

【原注】今人有过，只在遮饰弥缝上做工夫，费尽了无限巧回护，成就了一个真小人。

【译文】不要诋毁众人的名声，来成就自己的美誉；不要辱没天下的公理，来掩饰自己的过失。

大着肚皮容物，立定脚跟做人。

【译文】以宽宏大量来容万物，以坚定立场做正人。

实处着脚，稳处下手。

【译文】脚踏实地做人，稳稳当当做事。

读书有四个字最要紧，曰阙疑①好问；
做人有四个字最要紧，曰务实耐久②。

【注释】①阙疑: 对疑惑不解的东西不妄加评论。《论语·为政》: "多闻阙疑, 慎言其余, 则寡尤。"

②耐久: 忍耐, 恒久。

【译文】读书最要紧的四个字就是"阙疑好问"; 做人最要紧的四个字就是"务实耐久"。

事当快意处须转, 言到快意时须住。

【原注】殃咎之来, 未有不始于快心者。故君子得意而忧, 逢喜而惧。

【译文】当事情顺利得意的时候要有所警觉, 以防乐极生悲; 当说话得意忘形的时候必须马上打住, 以防言多必失。

物忌全胜, 事忌全美, 人忌全盛。

【译文】物品忌讳完胜同类, 事情忌讳十全十美, 人生则忌讳盛极而不觉。

尽前行者地步窄, 向后看者眼界宽。

【译文】只知一味向前的人, 处境会越来越窄; 懂得总结回顾的人, 见识会越来越宽。

留有余不尽之巧，以还造化；
留有余不尽之禄，以还国家；
留有余不尽之财，以还百姓；
留有余不尽之福，以贻子孙。

【译文】留一些多余的智巧，来还给天地造化；留一些用不完的俸禄，来归还给国家；留一些用不完的财富，来报答黎民百姓；留一些享不尽的福泽，来造福于子孙后代。

四海和平之福，只是随缘；
一生牵惹之劳，总因好事。

【译文】天下和平安定的福泽，只是随缘而作；一生牵挂烦恼的劳苦，都只因好事而获。

花繁柳密处拨得开，方见手段；
【原注】不见可欲时，人人都是君子；一见可欲不是滑了脚跟，便是摆动念头。苟非中存有主，将自己的身家性命体贴一番，鲜有不坠入魔障者。先辈诗云："世上无如人欲险，几人到此误生平。"沉溺者可以惊心回首矣。
风狂雨骤时立得定，才是脚跟。
【原注】人当变故之来，只宜静守，不宜躁动。即使万无解救，而志正守确；虽事不可为，而心终可白。否则必至身败而名

亦不保，非所以处变之道。

【译文】面对各种诱惑，能够看破放下，才能看出操持工夫；面对各种磨难考验，能够坚定不移，才能说是意志坚定。

步步占先者，必有人以挤之；
事事争胜者，必有人以挫之。

【译文】凡是喜欢事事抢先者，必定受人挤兑；凡是喜欢事事争胜者，必会遭人打击。

能改过则天地不怒；
【原注】王文成公①云：“人果能一旦洗涤旧染，虽昔为寇盗，今日亦不害为君子。”
袁了凡②云：“从前种种，譬如昨日死；从后种种，譬如今日生”可为悔过者法。
能安分则鬼神无权。
【原注】人能置身静稳中，即鬼神造化，亦奈何他不得。先辈诗云：“守分身无辱，知几心自闲。”

【注释】①王文成公：指王守仁（1472年~1529年），幼名云，字伯安，别号阳明。浙江绍兴府余姚县（今属宁波余姚）人，因曾筑室于会稽山阳明洞，自号阳明子，学者称之为阳明先生。谥“文成”，故称王文成公。②袁了凡：即袁黄（1533年~1606年），初名表，后改名黄，字庆远，又字坤仪、仪甫，初号学海，后改了凡，后人常以其号称之。著有《了凡四训》等书，劝人积善改过，强调从治心入手的自我修养，提倡记《功过格》，至今仍非常流行。

【译文】能够改正过失，即使天地也不会加怒于你；能够安分守己，即使鬼神也无权降祸于你。

言行拟之古人则德进，
功名付之天命则心闲，
报应念及子孙则事平，
受享虑及疾病则用俭。

【译文】能够效法古圣先贤的言行，德行就会长进；一生的功名能够顺天听命，内心就会闲适；能够想到报应会祸及子孙，处事就会公正；能够想到过分享受会带来疾病，生活就会节俭。

安莫安于知足，危莫危于多言；
贵莫贵于无求，贱莫贱于多欲；
乐莫乐于好善，苦莫苦于多贪；
长莫长于博识，短莫短于自恃；
明莫明于体物，暗莫暗于昧己。

【译文】最大的安逸莫过于知足，最大的危险莫过于话多；最大的富贵莫过于无求，最大的卑贱莫过于贪欲；最大的快乐莫过于行善，最大的痛苦莫过于贪财；最大的长处莫过于博识；最大的短处莫过于自负；最大的聪明莫过于体察物情；最大的昏暗莫过于蒙昧良心。

能知足者天不能贫，能忍辱者天不能祸。
能无求者天不能贱，能外形骸者天不能病，
能不贪生者天不能死，能随遇而安者天不能困，
能造就人才者天不能孤，能以身任天下后世者天不能绝。

【译文】能够知足的人，上天不会让他遭受贫寒；能够忍辱的人，上天不会让他蒙受祸患；能够无欲无求的人，上天不会让他沦于卑贱；能够不重外表的人，上天不会让他遭受病痛；能够舍生赴死的人，上天不会轻易让他死去；能够随遇而安的人，上天不会让他变得困顿；能够造就人才的人，上天不会让他孤苦无依；能够造福后世的人，上天不会让他走投无路。

天薄我以福，吾厚吾德以迓之；
天劳我以形，吾逸吾心以补之；
天厄我以遇，吾享吾道以通之；
天苦我以境，吾乐吾神以畅之。

【译文】上天给我浅薄的福泽，我就培养我的道德来迎接；上天让我的身体劳顿，我就放松我的心情来弥补；上天让我的际遇艰

危，我就修养我的道心来通达；上天让我的境况困苦，我就愉悦我的精神来疏导。

吉凶祸福，是天主张；毁誉予夺，是人主张；立身行己，是我主张。

【原注】陈榕门云："在我者勉之，在人者听之，在天者顺以受之而已。"

【译文】人生的吉凶祸福，是天定的；人事的毁誉予夺，是他人定的；自身的处世言行，是我决定的。

要得富贵福泽，天主张由不得我；
要做贤人君子，我主张由不得天。

【译文】想要得享富贵和福祉，这要看天意，由不得自己；想要做圣贤君子，这要靠自己，由不得天意。

富以能施为德，贫以无求为德；
贵以下人为德，贱以忘势为德。

【原注】陈榕门云："四语合来，无非要人重仁义而轻势利。"

【译文】富贵之人要以能舍为美德，贫穷之人要以无求为美德；

显贵之人要以能谦卑居下为美德，平凡之人以能不趋权贵为美德。

护体面不如重廉耻，求医药不如养性情；
立党羽不如昭信义，作威福不如笃至诚。
多言语不如慎隐微，博声名不如正心术；
恣豪华不如乐名教，广田宅不如教义方。

【译文】爱惜体面不如注重廉耻；求医问药不如怡养性情；结交党羽营私不如彰显信义；作威作福不如笃厚诚实；过多言论不如谨小慎微；博取声名不如端正心念；恣意奢华不如修身取乐；广置田宅给子孙不如多施义教于儿女。

行己恭，责躬厚，接众和，立心正，进道勇。
择友以求益，改过以全身。

【原注】刘念台云："改过一法，是圣贤独步工夫，层层剥换，不登巅造极不已。常人耻闻过，卒归下流。悲夫。"

【译文】行事应恭敬，反省应深切，待人要和气，心地要正直，修行要勇进。选择朋友用来提升进步，改过迁善用来完善自身。

敬为千圣授受真源，慎乃百年提撕紧钥。

【译文】恭敬乃是所有圣人传授的秘诀，谨慎乃是有生之年提升进步的关键。

度量如海涵春育，应接如流水行云；
操存如青天白日，威仪如丹凤祥麟；
言论如敲金戛石，持身如玉洁冰清；
襟抱如光风霁月，气概如乔岳泰山。

【译文】度量要如大海般容纳百川，如春风般润育万物；待人接物要如流水行云般不凝不滞；操守存心要像青天白日般洁净；威仪要如凤麟般安祥和顺；言语要如敲金击玉般清脆悦耳；持身要如玉洁冰清般纯洁无染；胸怀要如雨过天晴般坦荡清明；气概要如乔岳泰山般气势雄伟。

"海阔从鱼跃，天空任鸟飞"，非大丈夫不能有此度量。

"振衣千仞冈，濯足万里流"，非大丈夫不能有此气节。

"珠藏泽自媚，玉韫山含辉"，非大丈夫不能有此蕴藉。

"月到梧桐上，风来杨柳边"，非大丈夫不能有此襟怀。

【译文】海洋辽阔可任由鱼儿腾跃，天空高远可任由鸟儿飞翔，这是只有大丈夫才具有的度量；在千尺的高山上弹拭衣服上的灰尘，在万里的长流中洗脚，这是只有大丈夫才具有的气节；珍珠藏在水泽中自会展现妩媚，玉石置于山石中自会发出光辉，这是只有大丈夫才具有的内蕴；抬头仰望月亮升至梧桐树顶，倾听清风吹抚旁边的杨柳，这是只有大丈夫才具有的胸襟。

处草野之日，不可将此身看得小；
居廊庙之日，不可将此身看得大。

【译文】身处草莽不得志之时，我们不能自轻自贱；身居朝廷高位之时，我们则不能自高自大。

只一个俗念头，错做了一生人；只一双俗眼目，错认了一生人。

【原注】陈榕门云："语云'凡病皆可医，惟俗不可医'，正谓此也。"

【译文】只要一个庸俗的念头，便可让人一生皆错；只因一双庸俗之眼，便可让人一生看错敌友。

心不妄念，身不妄动，口不妄言，君子所以存诚。
内不欺己，外不欺人，上不欺天，君子所以慎独。
不愧父母，不愧兄弟，不愧妻子，君子所以宜家。

不负国家，不负生民，不负所学，君子所以用世。

【译文】心里不乱想，身体不乱动，嘴里不乱语，这是君子能保持诚信的原因。对内不自欺，对外不他欺，对上不欺天，这是君子能独处谨慎的原因。不愧对父母，不愧对兄弟，无愧于妻子，这是君子能治理家庭的原因。不辜负国家，不辜负百姓，不辜负所学，这是君子能为世所用的原因。

以性分言，无论父子兄弟，即天地万物，皆一体耳。何物非我，于此信得及，则心体廓然矣。以外物言，无论功名富贵，即四肢百骸，亦躯壳耳。何物是我，于此信得及，则世味淡然矣。

【译文】就体究本性而言，无论父子兄弟，即使天地万物，都是一体的，什么东西与我不一样？如果能相信这一点，那么身心自然变得空旷。从这离物欲而言，无论功名富贵，即使四肢百骸，也只是一具躯壳，什么东西是我的？如果能相信这一点，那么处世也就会淡然了。

有补于天地曰功，有关于世教曰名。有学问曰富，有廉耻曰贵，是谓功名富贵。

无为曰道，无欲曰德，无习于鄙陋曰文，无近于暧昧曰章，是谓道德文章。

【译文】对天地万物有益叫做功，有关世风教化叫做名，有学问叫做富，知廉耻叫做贵，这就是功名富贵。

清静无为叫做道，无欲无求叫做德，没有鄙陋的习惯叫做文，没有放弃原则的暧昧叫做章，这就是道德文章。

困辱非忧，取困辱为忧。
荣利非乐，忘荣利为乐。

【原注】自君子观之，人欲是极苦的，天理是极甜的。小人反是。故从欲则如附膻，从理则若嚼蜡。

【译文】困顿和屈辱并不值得担忧，言行不检、自取其辱才让人担忧；荣耀和名利并不值得快乐，忘记荣耀和名利才是真正的快乐。

热闹荣华之境，一过辄生凄凉；清真冷淡之为，历久愈有意味。

【原注】潘少白①云："至理所在，入其中则乐见。若外饰之事，初见绚然，入其中则索然。真见道之言也。"

【注释】①潘少白：清朝学者潘谘（约公元1811年前后在世），字少白，一字诲叔，浙江会稽人。生卒年均不详，

【译文】热闹繁华的境遇，一过就会让人产生凄凉；纯真淡然的行为，才会历时越久越有意味。

心志要苦，意趣要乐；气度要宏，言动要谨。

【译文】要有吃苦的心志，要有乐观的意趣；气度要宏大，言行要谨慎。

心术以光明笃实为第一，容貌以正大老成为第一，言语以简重真切为第一。

【原注】陈榕门云："三者工夫，原是一串，其效验亦是一串，丝毫假借不得。"

【译文】用心最重要的是光明诚实，仪容最重要的是正直持重，说话最重要的是简洁诚恳。

勿吐无益身心之语，勿为无益身心之事，勿近无益身心之人，勿入无益身心之境，勿展无益身心之书。

【原注】田静持云："凡看理学之书，与养生之说，皆有切于日用，有助于性灵，不可作等闲看过。若冗屑书帙，无益性灵，徒损心目，不若闲观山水之为得也。"

【译文】不要说对身心无益的话，不做对身心无益的事，不要接近对身心无益的人，不要进入对身心无益的环境，不要看对身心无益的书。

此生不学，一可惜。

【原注】少年不努力，老大徒悲伤，良可浩叹。

此日闲过，二可惜。

【原注】吕新吾云："只竟夕检点，今日说得几句话，关系身心；行得几件事，有益世道。自慊自愧，自恍然独觉矣。人能内反至此，决不虚度一生。"

此身一败，三可惜。

【原注】吕新吾云："少年要想我现在干得什么事，到头成个什么人，便有许多恨心，许多愧汗，如何放得自家过。"

【译文】一生不学习、虚度一日光阴、一生一事无成，这是人生三件事最为可惜的事。

君子胸中所常体，不是人情是天理；

君子口中所常道，不是人伦是世教；

君子身中所常行，不是规矩是准绳。

【原注】且莫论身体力行，只听随在聚谈间，曾有几个说天下国家，身心性命，正经道理？终日哓哓刺刺，满口都是闲谈乱语。吾辈试一猛省，士君子在天地间，可否如此度日？生死无常，便梦梦若此。哀哉！

【译文】君子心中常念的不是人情而是天理；君子口中常说的道不是人际关系而是世风教化；君子的日常言行奉行的不是规矩教条

而是真理标准。

休诿罪于气化，一切责之人事；
休过望于世间，一切求之我身。

【原注】陈榕门云："亟亟于所当尽，而不役役于所不可知也。"

【译文】不要把过错归咎于气运的变化，一切应当责之于人事；不要把期望过多的寄托于他人，一切事情应当反求诸己。

自责之外，无胜人之术；
自强之外，无上人之术。

【原注】其胜人上人之本领，正于其自责自强处见之。

【译文】除了自我反省之外，没有什么方法能战胜别人。除了自我发奋之外，没有能超越别人的方法。

书有未曾经我读，事无不可对人言。

【原注】平生无一事可瞒人，此是大快乐。

【译文】有我没读过的书，但没有不可对人说的事。

闺门之事可传，而后知君子之家法矣；

近习之人起敬，而后知君子之身法矣。

【原注】其作用处，只是"毋不敬"。

【译文】闺中之事可向外传说，然后才知道君子的家教家风；连身边的人都能对其生起恭敬，然后可知晓君子的德行修养。

门内罕闻嬉笑怒骂，其家范可知；
座右遍陈善书格言，其志趣可想。

【原注】朱子云："圣贤之言，常将眼头过，口头转，心头运。"

袁了凡云："凡人居家，几案上须有劝善书，或先贤格言一册。俾朝夕翻阅可以收摄身心，扩充善念，获益不浅，而于教子弟辈，尤为要紧。"

程子云："古之人，自能食能言而教之，是故大学之法，以豫为先。盖幼年心性未定，却以先入之言为主。为父兄师长者，则当以格言至论，日陈于前，与之朝夕而讲论之。日复一日，盈耳充腹。久之，义理浃洽浸灌，不知不觉，入于圣贤之路矣。若为之不豫，偏好之见生于内，嗜欲之缘摄于外，欲其不染于习俗也，难矣。"

【译文】如果家中很少能听到嬉笑怒骂声，那么这家的家风便可见一斑了；书桌上摆放的全是善书格言，这人的志趣便可想而知了。

慎言动于妻子仆隶之间，

检身心于食息起居之际。

【原注】陈榕门云："二者皆人所易忽。于此处亦有操持，则无之敢忽。故观人每于所忽。"

【译文】在妻儿仆隶的面前也要谨慎自己的一言一行；在吃饭作息的日常生活当中也要检点自己的身心修养。

语言间尽可积德，妻子间亦是修身。

【译文】与人说话时（要心存仁厚）完全可以积累自己的德行；与妻子儿女的相处（勿放逸自肆）也是一种修身养性的方式。

昼验之妻子，以观其行之笃与否也；
夜考之梦寐，以卜其志之定与否也。

【译文】白天通过妻子儿女的考验，可以看出一个人的行为是否笃诚；夜晚通过睡梦的考验，可以推测一个人的心志是否坚定。

欲理会七尺，先理会方寸；
欲理会六合，先理会一腔。

【译文】想要了解一人，必须先懂得一心；想要了解世界，就先要懂得一身。

世人以七尺为性命，
君子以性命为七尺。

【译文】世人以自己的身体为性命，而君子则以万物的性命为身体。

气象要高旷，不可疏狂；心思要缜密，不可琐屑。
趣味要冲淡，不可枯寂；操守要严明，不可激烈。

【译文】我们为人气度要高旷，但不可疏狂；心思要缜密，但不能琐屑；趣味要淡泊，但不能枯寂；操守要严明，但不可激烈。

聪明者戒太察，刚强者戒太暴，温良者戒无断。
【原注】古人云："当断不断，反受其乱。"

【译文】聪明的人要防止过于明察，刚强的人要警惕过于暴躁，温和善良的人不能优柔寡断。

勿施小惠伤大体，毋借公道遂私情。
以情恕人，以理律己。

【译文】不要因为施舍小恩小惠而伤害大体；不要假借公道而

循私情。要根据情理宽恕他人，根据事理约束自己。

以恕己之心恕人，则全交；
以责人之心责己，则寡过。

【译文】如果能以宽恕自己的心来对待别人，那么必定会交情深厚。如果以责备他人的心来责备自己，那么一定会很少犯错。

力有所不能，圣人不以无可奈何者责人；
心有所当尽，圣人不以无可奈何者自诿。
【原注】陈榕门云："此即躬自厚而薄责于人也。人每相反出之，故终其身惟见人之不如己意，不见己之不如人意。"

张子所云："以责人之心责己，以恕己之心恕人，则尽道矣。"

【译文】力量有不能够做到的事情，圣人不因此用无可奈何的事情去责备他人；心力应当用尽的地方，圣人不因此用无可奈何的道理来推托自己。

众恶必察，众好必察，易；自恶必察，自好必察，难。
【原注】陈榕门云："察于众好众恶者，不肯轻信人言；察于自好自恶者，不肯偏执己见。二者合，而好恶乃得其真矣。"

【译文】大家厌恶的人要仔细审察，大家喜欢的人也要仔细审察，这做起来容易；自己厌恶的人要仔细审察，自己喜欢的也要仔细审察，这做起来很难。

见人不是，诸恶之根；见己不是，万善之门。

【原注】唐荆川①与弟书云："居常但见人过，不见己过，此学者公共病痛，亦学者切骨病痛。自后读书做人，须要刻刻检点自家病痛，盖所恶于人许多病痛处，若真知反己，则色色有之也。"

【注释】①唐荆川：唐荆川（1507年~1560年），明代武进（常州）人，原名唐顺之，字应德。因爱好荆溪山川，故号荆川。明嘉靖八年（1529年）二十三岁中进士，礼部会试第一，入翰林院任编修。一年后即告病归里，闭门读书二十年，于学无所不精。嘉靖初年与王慎中同为古文运动的代表，世称"王唐"，又曰"晋江王、毗陵唐"。后又与归有光、王慎中三人合称为"嘉靖三大家"。后人把王、唐、归三人与宋濂、王守仁、方孝孺共称为"明六大家"。著有《荆川集》《勾股容方圆论》等著作。

【译文】只看别人的过失，这是万恶的根源；能明察自己的过失，这是众善的根本。

"不为过"三字，昧却多少良心；
"没奈何"三字，抹却多少体面。

【原注】四语义味无穷，多少伤心害理之事，皆此六字助成。

【译文】"不为过"三个字，让多少人蒙昧了良心；"没奈何"三个字，又使多少人丢掉了脸面啊！

品诣常看胜如我者，则愧耻自增。
享用常看不如我者，则怨尤自泯。

【译文】常看德行修养比我强的人，则愧耻之心自然会增长；常看物质享受不如我的人，则埋怨之心自然会泯灭。

家坐无聊，当思食力担夫，红尘亦日；
官阶不达，尚有高才秀士，白首青衿。

【原注】退一步想大有味，唯知足者能之。先辈诗云："欲除烦恼先忘我，各有因缘莫羡人。"真得自在之乐。

【译文】当在家中无聊闲坐时，应当要想到凭力气吃饭的挑夫，整天为了生活而四处奔忙；当官位不高还未显达时，要想到还一些怀才不遇之士，头发白了却还是个平头百姓。

将啼饥者比，则得饱自乐；
将号寒者比，则得暖自乐；
将劳役者比，则优闲自乐；
将疾病者比，则康健自乐；

将祸患者比，则平安自乐；

将死亡者比，则生存自乐。

【原注】此养心自在法门也。

【译文】与那些饥饿的人相比，那么能够吃饱的人应当感到快乐；与那些寒冷的人相比，那么能够得到温暖的人应该觉得快乐；与那些做苦力的人相比，那么生活闲适的人应该感到快乐；与那些生病的人相比，那么身体健康的人应该感到快乐；与那些遭受祸患的人相比，那么生活平安的人应该感到快乐；与那些死去的人相比，那么还活着的人应该感到快乐。

常思终天抱恨，自不得不尽孝心；

常思度日艰难，自不得不节费用；

常思人命脆薄，自不得不加修持；

常思杀债难还，自不得不惜口腹；

常思世态炎凉，自不得不奋志气；

常思法网难漏，自不得不戒非为；

常思身命易倾，自不得不忍善念。

【译文】常担心抱恨终身，自然就不能不尽孝心；常想到生活艰难，自然就不能不节省费用；常想到生命脆弱，自然就不得不更加珍惜；常想到杀债难还，自然就不得不爱护生命；常想到世态炎凉，自然就不得不发奋图强；常想到法网恢恢，自然就不得不警诫行为；常想到生命易逝，自然就不得不心存善念。

　　以媚字奉亲，以淡字交友；以苟字省费，以拙字免劳；以聋字止谤，以盲字远色；以吝字防口，以病字医淫；以贪字读书，以疑字穷理；以刻字责己，以迂字守礼；以很字立志，以傲字植骨；以痴字救贫，以空字解忧；以弱字御侮，以悔字改过；以懒字抑奔竞风，以惰字屏尘俗事。

　　【原注】此二十字，皆人所深恶之者。今乃假鸩为参苓，变臭壤为金丹，直觉老大受用，讨尽便宜。

　　【译文】奉养亲人要柔和，交接朋友友要平淡；节省费用宜将就，减免劳苦应朴拙；用聋字消除诽谤，用盲字远离美色；以少说防止口业，以疾病医治淫欲；读书应当多求，寻理应当多疑；责备自己应当严格，遵守礼义应当坚持；树立志向应当远大，培养骨气应当傲气；救济贫困应当痴心，排解忧虑应当放下；以示弱来防御侮辱，以忏悔来改正过失；以懒字来抑制跟风，以惰字来屏除尘事。

　　对失意人，莫谈得意事；处得意日，莫忘失意时。

　　【译文】对失意之人，不要谈论得意的事；在得意的时候，不要忘记失意的日子。

贫贱是苦境，能善处者自乐；
富贵是乐境，不善处者更苦。

【译文】贫贱虽是观苦的环境，但若能适当调节，便能苦中得乐。富贵虽是快乐的环境，但要是不能好好对待，便会乐中生悲。

恩里由来生害，故快意时须早回头；败后或反成功，故拂心处莫便放手。

【译文】恩惠中容易产生怨恨，所以得意之时要早早收心回头；失败后或许反会成功，所以不顺心时不要轻易放手。

深沉厚重，是第一等资质；磊落雄豪，是第二等资质；聪明才辩，是第三等资质。

【译文】沉稳厚重，是最好的品质；光明磊落、雄迈豪壮，是第二等资质；聪明有辩才，是第三等资质。

上士忘名，中士立名，下士窃名。
【原注】忘名者，体道合德，享鬼神之福佑，非所以求名也。立名者，修身慎行，惧荣观之不显，非所以攘名也。窃名者，厚貌深奸，干浮华之虚称，非所以得名也。
上士闭心，中士闭口，下士闭门。

【译文】德行高尚之人，想忘记功名；平凡之人，想建立功名；愚昧之人，想偷窃功名。德行高尚之人应心无欲求，平凡之人应少说多做，愚昧之人应闭门不出。

好讦人者身必危，自甘为愚，适成其保身之智。
好自夸者人多笑，自舞其智，适见其欺人之愚。

【译文】喜欢诋毁他人的人，必定会遭受祸患；自愿为愚的人，其愚恰好可保全他内在的智慧。喜欢自夸的人，多半会遭人嘲笑；自我炫耀智慧的人，正好可看出他自欺欺人的愚蠢。

闲暇出于精勤，恬适出于祗惧。无思出于能虑，大胆出于小心。

【译文】闲暇来自专心与勤勉，恬适来自恭敬和畏惧。无忧源于能够远虑，大胆源于能够细心。

平康之中，有险阻焉；衽席之内，有鸩毒焉；衣食之间，有祸败焉。

【原注】祸患之伏，不在于经意处，正在于大意处。明哲之士，只在意中做工夫，故每万全而无弊。

【译文】平坦的路途之中，埋伏有危险和障碍；豪华的宴席之中，隐藏有鸩酒毒药；丰裕的衣食之间，埋藏有祸患和衰败。

居安虑危，处治思乱。

【原注】钱志驺①《君子怀刑题文》开讲云："凡自恕之人，皆日蹈于刑而不知忧，日幸免于刑而不知愧。又收束二小比，人方有欲自肆，几疑朝夕补救之迂，而孰知惟此制心之可保。人至无地自容，始悟名教从容之乐，而岂若先乎虑患之为安。"

学问有得之语，当从战兢惕厉中来，真有功世道之文也。

【注释】①钱志驺：明代人，崇祯十三年进士。

【译文】身处安逸之时要想到会有危险，处在太平之时要想到会有祸乱。

天下之势，以渐而成；
天下之事，以积而固。

【原注】自古天下国家身之败亡，不出积渐二字。积之微，渐之始，可为寒心哉。是以君子重小损，矜细行，防微蔽。

吕新吾云："人情之所易忽者莫如渐，天下之大可畏者亦莫如渐。周郑交质，若出于骤然。天子虽孱懦甚，亦必有恚心。诸侯虽豪横极，岂敢萌此念？迨积渐所成，其流不觉至是。故步视千里为远，前步视后步为近。千里者，步步之积也。是以骤者举世所惊，渐者圣人独惧。明以烛之，坚以守之，毫发不以假借。

此慎渐之道也。"

【译文】天下的大势，由渐变而成；天下的大事，靠积累而变得稳固。

祸到休愁，也要会救；

【原注】徒愁何益，救得一分是一分。

福来休喜，也要会受。

【原注】空喜则福可为灾，能受则福且未艾。

【译文】遇到祸患不要愁恼，要会补救；遇到福泽不要欢喜，要能承受可能带来的灾祸。

天欲祸人，先以微福骄之；

天欲福人，先以微祸儆之。

【译文】如果命运要降祸给一个人，必定会先降下一些福分让他沾沾自喜而产生骄傲。如果上天要降福给一个人，必定会先降下一些祸事让他提高警惕从产生敬畏。

傲慢之人，骤得通显，天将重刑之也。

疏放之人，艰于进取，天将曲赦之也。

【译文】傲慢的人突然变得富贵显达，这是上天将要用重刑惩罚他呢；疏懒放旷的人，谋事很艰难，这是上天正善巧地宽恕他呢。

小人亦有坦荡荡处，无忌惮是也；

君子亦有长戚戚处，终身之忧是也。

【原注】陈榕门云："迹相似而实不相同，人禽之分在此。"

【译文】小人也有看似坦荡的地方，行事无所忌惮就是；君子也有戚戚然的时候，终身为国为民而忧就是。

君子犹水也，其性冲，其质白，其味淡，其为用也可以浣不洁者而使洁。即沸汤中投以油，亦自分别而不相混。诚哉君子也。

小人辟油也，其性滑，其质腻，其味浓，其为用也可以污洁者而使不洁。倘滚油中投以水，必至激搏而不相容。诚哉小人也。

【原注】形容尽至，推勘入微。明此可以立身，可以观人。

【译文】君子如水，其性情平和，其品质洁白，其味道清淡，它能把不干净的东西变得清洁。即使在开水中倒入油，水和油也会各自分开而不混淆，这就是君子的品性。小人如油，其性情奸滑，其品质粘腻，其味道浓稠，它可使清洁的东西变得肮脏。如果在翻滚的油中倒入水，必定会导致水、油相互排斥而不相容，这就像小人的性格。

凡阳必刚，刚必明，明则易知；

凡阴必柔，柔必暗，暗则难测。

【原注】人心宽平则光明，狭险则幽暗。君子小人相反，只在阳明阴暗之间。故圣人衍易，以阳为君子，以阴为小人。尝观天下之人，其光明正大，疏畅明达，磊磊落落，无纤介可疑者，必君子也。而其依阿淟涊，回互隐伏，闪烁狡狯，不可方物者，必小人也。

【译文】凡是阳性的东西必定刚强，刚强就一定会变得光明，光明则容易知晓；凡是阴性的东西必定柔弱，柔弱则一定会变得阴暗，阴暗则难以推测。

称人以颜子，无不悦者，忘其贫贱而夭；

指人以盗跖，无不怒者，忘其富贵而寿。

【原注】人心好善恶恶之同然。如此，而做人却与盗跖同归，何恶其名而好其实耶？

【译文】称赞别人为颜子，没有不高兴的，他们都忘了颜子贫贱而且早逝；指责别人是盗跖，没有不愤怒的，他们都忘了盗跖富贵而且长寿。

事事难上难，举足常虞失坠；
件件想一想，浑身都是过差。

【译文】做事前对困难要有充分认识，这样每一步都不敢掉以轻心；事情完后，要细细检点，就会发现自己满身的过失。

怒宜实力消融，过要细心检点。

【译文】心中的愤怒应当全力消除，过失要细心检点清楚。

探理宜柔，优游涵泳，始可以自得；
决欲宜刚，勇猛奋迅，始可以自新。

【译文】探寻事理应该懂得缓慢，要从容求索，深入体会，这样才能收获；断绝欲望时应该要果断，要迅猛决定，果断出击，这样才能自新。

惩忿窒欲，其象为损，得力在一忍字。
迁善改过，其象为益，得力在一悔字。

【原注】能惩能窒，即是改过。改之又改，以致于寡，即是迁善。寡之又寡，以至于无，即是止于至善。

【译文】克制愤怒，抑制欲望，其卦象为损卦，要做到关键在于忍耐；改过向善，其卦象为益卦，要做到关键在于忏悔。

富贵如传舍^①，惟谨慎可得久居。

【原注】英锐者造物得而折之，谨慎者鬼神不得而乘之。谨慎二字，圣贤大学问在此，豪杰大作用亦在此。

贫贱如敝衣，惟勤俭可以脱卸。

【原注】朱柏庐^②云："勤与俭，治生之道也。不勤则寡入，不俭则妄费。寡入而妄费则财匮，财匮则苟取。愚者为寡廉鲜耻之事，黠者入行险侥幸之途。生平行止，于此而丧，祖宗家声，于此而坠。生理绝矣。又况一家之中，有妻有子，不能以勤俭表率，而使相趋于奢惰，则自绝其生理，而又绝妻子之生理矣。以此思勤，安得不勤？以此思俭，安得不俭？"

【注释】①传舍：原为战国时贵族供门下食客食宿的地方。客有上、中、下之分，舍也分传舍、幸舍、代舍。泛指古时供行人休息住宿的处所。

②朱柏庐：即朱用纯（1627年~1698年），字致一，号柏庐，明诸生，入清隐居教读，居乡教授学生，潜心治学，以程、朱理学为本，提倡知行并进，躬行实践。著《辍讲语》，反躬自责，语颇痛切。曾精楷手写数十本教材用于教学。生平精神宁谧，严以律己，对当时愿和他交往的官吏、豪绅，以礼自持。著有《治家格言》《愧讷集》《大学中庸讲义》。其中《治家格言》流传最广。

【译文】富贵就如客舍，只有谨慎对待才可以长久享有；贫贱就像破衣，只有勤俭才可以摆脱。

俭则约，约则百善俱兴。

侈则肆，肆则百恶俱纵。

【译文】勤俭则会节约，节约则种种做善事都能兴起；奢侈则会放纵，放纵则各种恶事就会横行。

奢者富不足，俭者贫有余。
奢者心常贫，俭者心常富。
【原注】奢俭之有关心境也如此。

【译文】奢侈之人总嫌财富不够，勤俭之人虽穷却有盈余。奢侈之人心中总是贫乏，勤俭之人心中总是富有。

贪饕以招辱，不若俭而守廉；干请以犯义，不若俭而全节。侵牟以聚怨，不若俭而养心；放肆以遂欲，不若俭而安性。

【译文】如因贪得无厌而招致侮辱，不如勤俭来恪守廉洁；如因追求功名而违犯义理，不如勤俭来保全名节。如因巧取豪夺而触犯众怨，不如勤俭来修养身心；如因恣意妄为而满足欲望，不如勤俭来安养本性。

静坐然后知平日之气浮，守默然后知平日之言躁。省事然后知平日之心忙，闭户然后知平日之交滥。寡欲然后知平日之病多，近情然后知平日之念刻。

【译文】静坐时才知道平时心浮气躁，沉默时才知道平日言语急躁。自我反省后才知道平时的心境有多忙乱，闭门谢客后才知道平时的交友有多泛滥。减少欲望后才知道平时的毛病有多少，体近人情后才知道平时的心念有多刻薄。

无病之身，不知其乐也，病生始知无病之乐；
无事之家，不知其福也，事至始知无事之福。

【译文】身体没病之时，不知道身体健康的快乐，只有生病后才醒悟；家中无事之时，不知道家庭平安的幸福，只有事情发生后才懂得。

欲心正炽时，一念着病，兴似寒冰；
利心正炽时，一想到死，味同嚼蜡。

【译文】欲念正旺盛时，如能想到可能招致疾病，追逐欲望之心便会像寒冰一样冷却；利欲熏心之时，如能想到死后万事皆空，追求名利之心便会像嚼蜡一样无味。

有一乐境界，即有一不乐者相对待；
有一好光景，便有一不好的相乘除。

【原注】只是寻常茶饭，实地风光，才是安乐窝。

胡文定公①云："人家最不要事事足意，常有些不足处方好。事事足意，便有不好事出来，历试历验。"

【注释】①胡文定公：指胡安国（1074年~1138年），字康侯，号青山，学者称武夷先生，后世称胡文定公。南宋著名经学家、湖湘学派创始人之一。

【译文】有快乐的境遇，便会有一个不快乐的境遇与之相对；有美好的光景，便会有一个不好的光景与之相抵消。

事不可做尽，言不可道尽；势不可倚尽，福不可享尽。

【原注】邵康节诗云："美酒饮教微醉后，好花看到半开时。"最为亲切有味。

【译文】做事不能做绝，说话不能说穿；势力不能靠尽，福气不可享尽。

不可吃尽，不可穿尽，不可说尽。

又要懂得，又要做得，又要耐得。

【原注】粗浅语，却不容易做到。

【译文】饭不能吃尽，衣不能穿尽，话不能说尽。既要懂得，又要能做到，还要能吃得苦。

难消之味休食，难得之物休蓄；难酬之恩休受，难久之友休交；难再之时休失，难守之财休积；难雪之谤休辩，难释之忿休较。

【译文】难消化的食物不要吃，难得到的财物不要存，难报答的恩情不要受，难长久的朋友不要交，难再来的时光不要错失，难看守的财富不要积攒，难澄清的诽谤不要争辩，难释怀的忿怒不要计较。

饭休不嚼便咽，路休不看便走，话休不想便说，事休不思便做，财休不审便取，气休不忍便动，友休不择便交。

【译文】饭不要不咀嚼便咽，路不要没看清便走；话不要没想清楚便说，事不要没考虑好便做，财物不要未审察清楚便取，脾气不要随便就发，朋友不要随便就交。

为善如负重登山，志虽已确，而力犹恐不及；
为恶如乘骏走坂，鞭虽不加，而足不禁其前。

【译文】行善就好像背着重物登山，虽然确立了目标，但担心身体的力量不够；做恶就好像乘着骏马下坡，虽没有挥鞭相加，但依然不能停止马前进的步伐。

防欲如挽逆水之舟，才歇手便下流；
力行如缘无枝之树，才住脚便下坠。

【原注】君子之心，无时而不敬畏者，以此。

【译文】防止欲望有如逆水拉船，一停手船便会随水后退；竭力实践有如攀缘没有枝条的树，一停脚便会下坠。

胆欲大，

【原注】见义勇为。

心欲小。

【原注】文理密察。

智欲圆，

【原注】应物无滞。

行欲方。

【原注】截然有执。

【译文】胆子要大，心要细腻。智慧要圆融，行为要有法度。

真圣贤决非迂腐，真豪杰断不粗疏。

【译文】真正的圣贤绝不是迂腐人，真正的豪杰绝不是粗疏人。

龙吟虎啸，凤翥鸾翔，大丈夫之气象；
蚕茧蛛丝，蚁封蚓结，儿女子之经营。

【译文】龙吟虎啸，凤飞鸾翔，这是大丈夫的气概；像蚕茧蛛丝、蚂蚁封巢、蚯蚓纠结，这是小人的经营。

格格不吐，刺刺不休，总是一般语病，请以莺歌燕语疗之。恋恋不舍，忽忽若忘，各有一种情痴，当以鸢飞鱼跃化之。

【译文】说话吞吞吐吐，喋喋不休，这是一般说话的语病，应当用莺歌燕语般的话语去治疗；恋恋不舍，恍然若失，魂不守舍，这都是情痴，应当以鸢飞鱼跃的气度来化解。

问消息于蓍龟，疑团空结；祈福祉于奥灶，奢想徒劳。

【原注】慈湖先训①云："心吉则百事俱吉。古人于为善者曰吉人，是此人通体皆吉。世间凶神恶煞，如何干犯得他，真乃窥见本原之确论也。"

刘念台云："《易经》所言趋吉避凶者，盖趋善而避恶也。今人解吉凶，都说向人事上去，大错。"

【注释】①《慈湖先训》：南宋著名哲学家杨简（即慈湖先生）的父亲杨庭显所著。

【译文】用占卜想求得消息，只会让心中空结疑团；向鬼神祈求福祉，只会是徒劳妄想。

谦，美德也；过谦者怀诈。

【原注】谦不中礼，所损甚多，唯准于礼而得其中，则善矣。

默，懿行也；过默者藏奸。

【原注】鹰立如睡，虎行如病，乃是他攫人噬人的手段。奸恶之辈，多形此态，不可不知。

【译文】谦虚是一种美德，但过于谦虚的人往往心怀狡诈；缄默是一种善行，但过于沉默的人往往胸藏奸伪。

直不犯祸，和不害义。

【译文】我们要正直但不要惹祸，和气而又不违道义。

圆融者无诡随之态，精细者无苛察之心，方正者无乖拂之失。

沉默者无阴险之术，诚笃者无椎鲁之累，光明者无浅露之病。

劲直者无径情之偏，执持者无拘泥之迹，敏练者无轻浮之状。

【原注】有所长而矫其长之失，此是全才，是善学。

陈榕门云："人有一长处，即有一病处。其病处即在所长之中。长善救失，全凭学问。"

【译文】性情圆融的人不会有诡诈的神态，精明细心的人不会有苛察的心思，行为方正的人不会有乖戾的缺陷，沉默寡言的人不会有阴险的手段，诚信笃实的人不会有愚钝的牵累，光明正大的人不会有肤浅的毛病，坚强正直的人不会有偏激的行为，果敢决断的人不会有拘泥的习惯，聪明练达的人不会有轻浮的行为。

才不足则多谋，识不足则多虑，威不足则多怒，信不足则多言。

勇不足则多劳，明不足则多察，理不足则多辩，情不足则多仪。

【译文】才能不够的人会计谋多，识见不足的人则顾虑多，威严不足的人则怒气多，信义不够的人则言语多，勇气不足的人则会多劳累，聪明不足的人则要多苛察，道理不足的人则多辩解，情分不够的人则多礼仪。

私恩煦感，仁之贼也；直往轻担，义之贼也；足恭伪

态，礼之贼也；苟察歧疑，智之贼也；苟约固守，信之贼
也。

【原注】此五贼者，破道乱政，圣门斥之。后世儒者，往往称
之以训世，无识也夫。

【译文】私恩施人以求回报，这是对仁善的危害；直率行事却无
担当，这是对义理的伤害；伪装恭敬的神态，这是对礼的伤害；苛察
而多疑，这是对智慧的伤害；坚守不当的诺言，这是对诚信的伤害。

有杀之为仁，生之为不仁者；有取之为义，与之为不
义者；有卑之为礼，尊之为非礼者；有不知为智，知之为
不智者；有违言为信，践言为非信者。

【原注】陈榕门云："以义理为权衡，则轻重大小之间，看得
不爽，行得不错。妇人之仁，匹夫之义，拘谨之礼，穿凿之智，
硁硁之信，总为不权衡于义理耳。"

【译文】有杀之为仁而放活却是不仁的；有取得为义而给予却
是不义的；有卑贱为礼而尊崇却是非礼的；有不知为智而知晓了却不
智的；有违背诺言为信，而实践诺言却是不诚信的。

愚忠愚孝，实能维天地纲常；
惜不遇圣人裁成，未尝入室。
大诈大奸，偏会建世间功业；

倘非有英主驾驭，终必跳梁。

【译文】愚忠愚孝之人，确实能维系天地间的人伦纲常。可惜没有遇到圣人栽培，不能登堂入室。大诈大奸之人，往往能建立世间的功业，假如没有英明贤主的驾驭，他们最终定会成为跳梁小丑。

知其不可为而遂委心任之者，达人智士之见也；知其不可为而犹竭力图之者，忠臣孝子之心也。

【原注】陈榕门云："其智可及，其愚不可及，盖指此种。"

【译文】知道事不可为便顺其自然，这是聪明之人的见解；知道事不可为却仍竭力而为，这是忠臣孝子的诚心。

小人只怕他有才，有才以济之，流害无穷；
君子只怕他无才，无才以行之，虽贤何补？

【译文】小人就怕他有才能，有才能相助的小人祸害无穷；君子就怕他没有才能，没有才能相助的君子，即使贤德又有何用呢？

摄生类（附）

慎风寒，节饮食，是从吾身上却病法。

寡嗜欲，戒烦恼，是从吾心上却病法。

【原注】养生以养心为主，而养心又在凝神，神凝则气聚，气聚则形全。若日逐劳扰忧烦，神不守舍，则易至衰老，且百病从此生矣。一收视返听，凝神于太虚，无一毫杂思妄念，神与气会，气与神合，则心自定而形自全矣。

【译文】注意风寒，节制饮食，这是从身体上预防疾病的方法；减少嗜欲，戒除烦恼，这是从心理上预防疾病的方法。

少思虑以养心气，寡色欲以养肾气。

勿妄动以养骨气，戒嗔怒以养肝气。

薄滋味以养胃气，省言语以养神气。

多读书以养胆气，顺时令以养元气。

【原注】凡人元气已索，而血肉未溃，饮食起居，不甚觉也。一旦外邪袭之，溘然死矣。不怕千日怕一旦。一旦者，千日之积也；千日可为，一旦不可为矣。故慎于千日，正以防其一旦耳。

【译文】减少思虑以滋养心气，减少色欲以滋养肾气，不要妄动以滋养骨气，戒除怒气以滋养肝气，饮食清淡以滋养胃气，少说话以滋养神气，多读书以涵养胆气，顺应时令以滋养元气。

忧愁则气结，忿怒则气逆，恐惧则气陷，拘迫则气郁，急遽则气耗。

【原注】是惟心平气和，斯为载道之器。

【译文】忧愁让人心气郁结，愤怒让人心气不顺，恐惧使人心气低沉，压抑使人心气沉郁，急速让人心气耗减。

行欲徐而稳，立欲定而恭。
坐欲端而正，声欲低而和。

【原注】善养气者，常于动中习静，使此身常在太和元气中，久久自有圣贤气象。

【译文】行动要缓慢而稳重，站立要安定而恭敬，坐姿要端庄而方正，话语要低声而温和。

心神欲静，骨力欲动；胸怀欲开，筋骸欲硬；脊梁欲直，肠胃欲净；舌端欲卷，脚跟欲定；耳目欲清，精魂欲正。

【译文】心神要清静，骨骼体质要灵动；胸怀要开阔，筋骨要刚硬；脊梁要挺直，肠胃要洁净；舌尖要卷曲，脚跟要稳定；耳目要清明，精神要正大。

多静坐以收心，寡酒色以清心，去嗜欲以养心，诵古训以警心，悟至理以明心。

【译文】要常静坐来收养心神，少沾酒色来清静心神，戒除嗜好来滋养心神，诵读古训来警诫心神，明悟道理来照亮心神。

宠辱不惊，肝木自宁；动静以敬，心火自定；饮食有节，脾土不泄；调息寡言，肺金自全；恬淡寡欲，肾水自足。

【译文】宠辱不惊慌，那么肝脏自会宁静；动静都诚敬，那么心气自然安定；饮食有节制，那么脾脏自然不会病；调息少说话，那么肺气自然全满；平淡而寡欲，那么肾精自然充足。

道生于安静，德生于卑退。
福生于清俭，命生于和畅。

【译文】道产生于安静，德产生于谦让；福来源于清俭，生命存在于平和。

天地不可一日无和气，人心不可一日无喜神。

【原注】人常和悦，则心气恬而五脏安。昔人所谓养欢喜神。何文端公①时，曾有乡人过百岁，公叩其术，答曰："予乡村人无所知，但一生只是喜欢，从不知忧恼。"此真得养生要诀者。

每日胸中一团太和元气，病从何生？

【注释】①何文端公：指何如宠（1569年~1642年），字康侯，号芝岳，谥"文端"。桐城人（今枞阳人）。明神宗万历二十六年（1598年）进士，明末名臣。《明史》称其"操行恬雅，与物无竞，难进易退，世尤高之"。

【译文】天地间不能一天没有和气，人心中不能一日没有喜气。

拙字可以寡过，缓字可以免悔，退字可以远祸，苟字可以养福，静字可以益寿。

【原注】昔人论致寿之道有四，曰慈曰俭，曰和曰静。

【译文】"拙"字能让人减少过失，"缓"字能让人免于事后后悔，"退"字可以让人远离祸患，"苟"字可以滋养人的福泽，"静"字可以延长人的寿命。

毋以妄心戕真心，勿以客气伤元气。

【译文】不要因虚妄的心而伤害到本心，不要因外在应酬而伤损了元气。

拂意处要遣得过，清苦日要守得过，非理来要受得过。

【原注】无故而以非理相加，其中必有所恃。小不忍，祸立至矣。

忿怒时要耐得过，嗜欲生要忍得过。

【原注】销铄人莫如忿与欲。欲动水渗，怒甚火炎。故须忍耐则心火下降，肾水下滋。此吾儒坎离交济功法，何劳仙家言？

【译文】事情不如意时要懂得排遣，生活清苦时要能坚守，面对无理要求时要承受得住。心中忿怒时要耐得住，心中产生嗜欲时要忍得住。

言语知节则愆尤少，举动知节则悔吝少，爱慕知节则营求少，欢乐知节则祸败少，饮食知节则疾病少。

【原注】王龙图食物至精细，食不尽一器。年八旬，颐颊白腻如少年。尝语人云："食取补气，不饥即已，饱则生众疾。至用药物消化，尤伤和也。"

【译文】说话有分寸则可少造口业，行为有节制则可少生悔恨，爱慕有节制则要求少，快乐有节制则祸败少，饮食有节制则疾病少。

人知言语足以彰吾德，而不知慎言语乃所以养吾德；人知饮食足以益吾身，而不知节饮食乃所以养吾身。

【译文】人们知道语言可以显示自己的德行，却不知谨慎说话可以培养我们的德行；人们知道饮食可以补益自己的身体，却不知节制饮食可以涵养我们的身体。

闲时炼心，静时养心，坐时守心。
行时验心，言时省心，动时制心。

【译文】闲暇时可以修炼心神，清静时可以涵养身心，安坐时可以静守心神。行动时可以考验身心，言语时可以反省内心，动作时可以控制心神。

荣枯倚伏，寸田自开惠逆，何须历问塞翁①；
修短参差，四体自造彭殇②，似难专咎司命。

【注释】①塞翁："塞翁失马"典故见《淮南子·人间训》。②彭殇：寿天。彭：彭祖，长寿八百岁。殇：未成年而死。

【译文】繁荣与枯萎相互依存，心田已决定了命运的兴衰，何必再去问塞翁？参差长短各不相同，身体造作已决定了寿命的长短，又怎么能责怪命运之神呢？

节欲以驱二竖，修身以屈三彭，安贫以听五鬼，息机以弭六贼。

【原注】一心为主，百病皆除。

【译文】节制欲望来远离身体的疾病，修养身心来降伏身中的三尸神，安贫乐道来战胜逆境，停歇心机来清除欲望。

衰后罪孽，都是盛时作的；老来疾病，都是壮年招的。

【译文】衰落后遭受的罪孽，都是自己强盛时作下的；年老后遭受的疾病，都是壮年时招致的。

败德之事非一，而酗酒者德必败；
伤生之事非一，而好色者生必伤。

【原注】薛文清云："酒色之类，使人志气昏耗，伤生败德，莫此为甚，何乐之有？惟心清欲寡，则气平体胖，乐可知矣。"

【译文】败坏德行的事不止一件，但酗酒必定会败坏德行；伤害身体的事不止一样，但好色必定会伤害生命。

木有根则荣，根坏则枯；鱼有水则活，水涸则死；灯有膏则明，膏尽则灭；人有真精，保之则寿，戕之则夭。

【原注】冬至一阳生，夏至一阴生，其气甚微，如草木萌生，易于伤伐。倘犯色戒，则来年精神必疲惫。故色欲不节，四时皆伤。人惟二至之前后半月，尤必以绝欲为第一义也。

【译文】树木要有根才能繁荣，树根坏了则会枯萎；鱼儿要有水才能成活，水干涸了则会死亡；灯火要有灯油才会明亮，灯油没有了则会熄灭；人类要有精气神，保护它则能长寿，伤害它则会短命。

卷四　敦品类

欲做精金美玉的人品，定从烈火中锻来；

思立揭地掀天的事功，须向薄冰上履过。

【译文】想要具有黄金美玉般的人品，一定要经过烈火锻烧般的锤炼；想要成就惊天动地的伟业，必须经过如履薄冰般困境的磨练。

人以品为重，若有一点卑污之心，便非顶天立地汉子；品以行为主，若有一件愧怍之事，即非泰山北斗宏仪。

【译文】人以品行最重要，如果有一丝污秽的心，便不是顶天立地的豪杰；品格以行持为主，要是做了一件愧对良心的事，便缺乏泰山北斗般的丰姿。

人争求荣，就其求之之时，已极人间之辱。

人争恃宠，就其恃之之时，已极人间之贱。

【原注】世之趋炎附势者，大都但知攀附权贵。而其人之邪正不问焉，及事败后，毕竟同归于尽，真为可怜。即使幸而漏网，而以一身名节之重，不思流芳百世，乃甘受党援之污，反致遗臭

万年矣。

刘念台云："进取一路，诚士人所不废，而得之不得曰有命。人情若不看破，奔走如狂，妄开径窦，呈身之巧，有无所不至者，幸而得之，立身已败，万事瓦解，况求之而未必得乎，真枉做小人也。"

【译文】人们争相求取荣华富贵，然而在他追求之时便已经蒙受了世间最大的耻辱；人们争相攀附权贵以求宠幸，然而在他恃宠之时便已经表现出了世间最大的卑贱。

丈夫之高华，只在于道德气节；
鄙夫之炫耀，但求诸服饰起居。

【原注】快书云："优人登场，有为唐明皇者，下场便不肯与诸优同坐，诸优皆笑之。世之登仕版者，时至则为之。此与逢场作戏，亦复何异？而盛修边幅，炫耀乡里，日岸然肩舆于亲故之门，其不为诸优所窃笑者，几希矣。比拟未免近于刻，但欲为今世之缙绅先生痛下针砭，不得不借此以发其深省。其不省者，尚复何言？"

吕新吾云："中高第，做美官，欲得愿足，这不是了却一生事，只是作人不端，或无过可称。而分毫无补于世，则高第美官，反以益吾之耻者也。而世顾以此诧市井，盖棺有余愧矣。"

刘念台云："士人自初第以至崇阶华府，同是穿衣，同是吃饭，何曾有半点异常人处？只被闾巷一二愚鄙惊喜奉承，此人不知不觉，不能自主，遂高抬起来。究竟与自己身上，曾有一毫增益否？"可为当头一棒。

邹东郭①云："问邑之贵，则数高位者以对；问邑之富，则数积财者以对；问邑之人物，则数修德励行、济世范俗者以对，而富与贵不齿焉。故肆志一时者，为轩鹤、为牢豕；尚友千古者，为景星、为乔岳。"

【注释】①邹东郭：邹东郭（1491年～1562年），名守益，字谦之，号东廓。江西安福县北乡瀲源人。著名理学家、教育家。

【译文】高尚之人之所以光彩照人，全在于具有崇高的道德气节；见识浅薄之人所炫耀的东西，只不过是华丽的衣着，安逸的生活。

阿谀取容，男子耻为妾妇之道；
本真不凿，大人不失赤子之心。

【译文】阿谀奉承取悦别人，男子汉应当不耻做这种小妾奴婢之人所做的事；保持本真不穿凿附会，大丈夫应当不失这种纯真善良的赤子之心。

君子之事上也，必忠以敬；其接下也，必谦以和。小人之事上也，必谄以媚；其待下也，必傲以忽。

【原注】小人刻刻在势利上讲求，故无常心。如此哪得不为君

子所恶?

【译文】君子对待自己的上级，必定忠诚、恭敬；对待自己的下级，必然谦虚和气。小人则相反，对待自己的上级阿谀奉承，对待自己的下级傲慢无礼。

立朝不是好官人，由居家不是好处士；

平素不是好处士，由小时不是好学生。

【原注】蒙童之教，大有关系如此。

【注释】处士：本指有才德而隐居不仕的人，后亦泛指未做过官的士人。

【译文】在朝廷不是个好官，原因是在家时不是个好士人。做处士时德行不好，原因是小时候不是个好学生。

做秀才如处子，要怕人；

既入仕如媳妇，要养人；

归林下如阿婆，要教人。

【原注】颜光衷云："乡绅，国之望也。家居而为善，可以感郡县，可以风州里，可以培后进。其为化功，比士人百倍，故能亲贤扬善，主持风俗，其上也。即不然，而正身率物，恬静自守，其次也。下此则求田问舍，下此则欺弱暴寡，风之薄也。非所敢道矣。俚语云：'刀趁利，炉趁热。'此两语误人不浅。夫

刀利炉热，用之以干许多好事，此光阴诚不可错过。又'争体面'三字，最误人。今且以何者为体面，若枉道求官府，辱身贱行，此无体面之甚者也。官府即姑从我，而心轻其为人，此无体面之隐者也。得势以豪乡里，而人阴指曰：'此翼虎，不可犯耳。'尚得为体面乎？认得体面真时，便不争体面，而百美集矣。"

吕东莱云："士大夫喜言风俗不好，不知风俗是谁做的。身便是风俗，不自去做，如何会得好。"

讲风俗能就自己身上讲起，方算正人。

【注释】吕东莱：即吕祖谦（1137年~1181年），字伯恭，南宋婺州（今浙江金华）人，原籍寿州（今安徽凤台），人称东莱先生。与朱熹、张栻齐名，同被尊为"东南三贤"，"鼎立为世师"，是南宋时期著名的理学大家之一。

【译文】读书时要如未嫁的女子一样，要注意自己的言行；入仕为官之后要如做人媳妇一样，要爱护百姓；归隐回家后要如阿婆一样，要教导别人。

贫贱时眼中不着富贵，他日得志必不骄；
富贵时意中不忘贫贱，一旦退休必不怨。

【译文】贫贱时不汲汲于富贵，将来得志之后一定不会骄傲；富贵时心中没有忘却贫贱，将来退休之后一定不会报怨。

贵人之前莫言贱，彼将谓我求其荐；

富人之前莫言贫，彼将谓我求其怜。

【译文】在地位高贵的人面前不要诉说自己的卑贱，否则他会认为自己求他推荐；在富有的人面前不要诉说自己的贫困，否则他会认为自己在博他同情。

小人专望受人恩，受过辄忘；
君子不轻受人恩，受则必报。

【译文】小人总是期望别人的恩惠，但受恩之后马上就忘了；君子不愿轻易受人恩惠，若受恩于人则必定会报答。

处众以和，贵有强毅不可夺之力；
持己以正，贵有圆通不固执之权。

【原注】内刚不可屈，而外能处之以和者，所济多矣。

方正学①云："处俗而不忤者，其和乎？其弊也流而无立。持身而不挠者，其介乎？其弊也厉而多过。介以植其内，和以应乎外，则庶几也。"

【注释】①方正学：即方孝孺(1357年~1402年)，明代大臣，著名学者，文学家、散文家、思想家，字希直，一字希古，号逊志，曾以"逊志"名其书斋，蜀献王替他改为"正学"，因此世称"正学先生"。

【译文】要做到和气与人相处，贵在有坚定不移的意志；要做到刚正对待自己，贵在处事圆融通达而不拘泥。

使人有面前之誉，不若使人无背后之毁；
使人有乍处之欢，不若使人无久处之厌。

【原注】乍交不为小人所悦，久习不为君子所厌。如是乃可见品。

【译文】让人在别人面前受称赞，不如让人背后无人说坏话；使人获得短暂与人相处的快乐，不如使人长久相处而不生厌。

媚若九尾狐，巧如百舌鸟，哀哉！羞此七尺之躯；暴同三足虎，毒比两头蛇，惜乎！坏尔方寸之地。

【译文】对人谄媚像九尾狐，灵巧得像百舌鸟，这真是悲哀啊！羞辱了这堂堂七尺之躯；为人暴戾如三脚虎，恶毒得如两头蛇，这真是可惜啊！败坏了这方寸纯净心田。

到处伛偻，笑伊首何仇于天，何亲于地？
终朝筹算，问尔心何轻于命，何重于财？

【原注】杨升庵①诗云："生前枉费心千万，死后空持手一双。"足以唤醒一世。

【注释】①杨升庵：即杨慎（1488年~1559年）明代三大才子之首，字用修，号升庵，后因流放滇南，故自称博南山人、金马碧鸡老兵。杨廷和之子，四川新都（今成都市新都区）人，祖籍庐陵。正德六年状元，官翰林院修撰，豫修《武宗实录》。武宗微行出居庸关，上疏抗谏。世宗继位，任经筵讲官。嘉靖三年，因"大礼议"受廷杖，谪戍终老于云南永昌卫。终明一世记诵之博，又能文、词及散曲，论古考证之作范围颇广。著作达百余种，后人辑为《升庵集》。

【译文】到处卑躬屈膝，可笑你的头为什么好像于天有仇，于地有亲而抬不起来？终日谋尽计算，问你的心为什么如此看轻生命而看重钱财？

富儿因求宦倾赀，污吏以黩货失职。

【原注】初起于颢其所无，卒至于丧其所有。若各泯其贪心，则何夺禄败家，丧名失身之有？

【译文】富裕人家的孩子因求官位而倾尽家财，贪官污吏因为贪图财货而丢掉官职。

亲兄弟折箸，璧合翻作瓜分；士大夫爱钱，书香化为铜臭。

【原注】高忠宪公家训云："士大夫居间得财之丑，不减于室女越墙从人之羞。流俗滔滔，恬不为怪者，只是不会立志要做人。若要做人，自知男女失节，总是一般。"

【译文】亲兄弟如果不团结，即使原本如同美玉，分开也会如瓜果一般不值钱。读书人如果太过爱财，满身的书香之气也会化为一身铜臭。

士大夫当为子孙造福，不当为子孙求福。谨家规，崇俭朴，教耕读，积阴德，此造福也；广田宅，结姻缘，争什一，鬻功名，此求福也。造福者澹而长，求福者浓而短。

【原注】造福正所以求福，不可不知。

【译文】士大夫应当为子孙造福，而不应当为他们求福。严谨家规，崇尚俭朴，教导他们读书与耕作，积德行善，这是造福；广置田宅，以姻谋益，惟利是图，买卖功名，这是求福。造福的人，生活恬静平淡却长久；求福的人，人生热闹浓烈却短暂。

士大夫当为此生惜名，不当为此生市名。敦诗书，尚气节，慎取与，谨威仪，此惜名也；兢标榜，邀权贵，务矫激，习模棱，此市名也。

【原注】辱身丧名，莫不由此。求名适所以坏名，名岂可市哉？

惜名者静而休，市名者躁而拙。

【译文】士大夫应当珍惜自己一生的名誉，而不应当一生沽名钓誉。研读诗书，崇尚气节，谨慎取予，端庄仪容，这是珍惜名誉。竞相夸耀，攀附权贵，诡异偏激，模棱两可，这是沽名钓誉。珍惜名誉的人宁静而美善，沽名钓誉的人浮躁而拙劣。

士大夫当为一家用财，不当为一家伤财。济宗党，广束修，救荒歉，创办义举，济人利物，此用财也；靡苑囿，教歌舞，奢燕会，积聚珍玩，赏目悦心，此伤财也。用财者损而盈，伤财者满而覆。

【原注】无论在己在人。义所当用。乃谓之用。义不当用。则谓之伤。有财者可以鉴矣。

【译文】士大夫应当合理使用家财，而不应浪费钱财。救济乡党，广施教化，赈救灾荒，创办义举，助人益世，这是合理用财；美化园林，教习歌舞，大宴宾客，积聚珍玩，追求享受，这是浪费钱财。善用钱财的人虽然花了很多钱但收获丰盈，浪费钱财的人尽管积聚了很多财宝却终将败尽。

士大夫当为天下养身，不当为天下惜身。省嗜欲，减思虑，戒忿怒，节饮食，此养身也。

【原注】养其身以有为也。

规利害，避劳怨，营窟宅，守妻子，此惜身也。

【原注】似乎爱惜此身，却不知已置此身于无用，直谓之不自爱也可。

养身者，啬而大；惜身者，膻而细。

【原注】张侗初①先生却金堂四箴。

陈榕门云："按四箴所云当为者，即孟子所云求在我者也。不当为者，即孟子所云求在外者也。迹虽近似，义实相妨。今一一胪列之，互举之，是非公私，显然可见矣。忆余为诸生时，于官斋屏置间，曾见此箴，觉有怵于心，而未知其言之切而中也。及阅历仕途，深尝世故，每见士大夫往往于此四者，辨之不明，遂致误入歧途，贻悔末路，益服先辈格言，切中世病，足发深省，而愧前此失于体认，草草读过也。然则思斋内省，为所当为，不为所不当为，愿与世之君子共勉之。"

【注释】①张侗初：即张鼐（？~1629年），字世调，号侗初。著名小品文作家。松江华亭（今上海松江）人。万历三十二年（1604年）进士。改庶吉士，授检讨，迁司业。天启时擢南京礼部右侍郎，为阉党所劾，削籍归。崇祯初平反，任南京吏部右侍郎。有《宝日堂初集》《吴淞甲乙倭变志》《镭堂考故》等。

【译文】士大夫应当为天下重任而修身养性，不应当不顾天下而惜身爱利。节制嗜欲，减少思虑，戒除恼怒，控制饮食，这是修身养性。计较得失，规避劳怨，造屋建房，守着妻儿，这是惜身爱利。修身养性的人，爱护身体却大度不凡；惜身爱利的人，庸俗而又琐碎。

卷五 处事类

　　处难处之事愈宜宽，处难处之人愈宜厚，处至急之事愈宜缓，处至大之事愈宜平，处疑难之际愈宜无意。

　　【原注】撼大摧坚，要徐徐下手，默默留意，久久见功。若攘臂竭力，一犯手自家先败。

　　张子韶①云："天下之事，有理有势。理得乘势以行，固属快意，势若一时不能遽遂，则又贵于徐徐应之。惟如是而后为明通，惟如是而后能应事。"

　　杨忠愍公②云："欲干天下之事，当思如何下手，如何收煞，事成如何结果，不成落何名目，死生虽不计，毕竟果不徒死否？思之思之，又重思之。"

　　薛文清公云："事才入手，便当思其发脱。"又云："应事最当熟思缓处，熟思则得其情，缓处则得其当。"

　　吕新吾云："事见到无不可时，便斩截做，不要留恋。儿女子之情，不足以语辨大事者也。"又云："计天下大事，只在要紧处一着，留心用力，别个都顾不得。此要紧一着，又要看得明，守得定，方不失轻重之衡。"又云："凡酌量天下大事，全要个融通周密，忧深虑远。若粗心浮气，浅见薄识，得其一方，而固执以求胜，以此图久大之业，为治安计，难矣。"又云："处天下事，前面常长出一分，此之谓豫；后面常余出一分，此之谓裕。如此则事无不济，而心有余乐。若扣煞分数做去，必有后悔。"又云："做天下好事，既度德量力，又审势择人。'专欲难成，众怒难犯'，此八字，不独妄动邪为者宜慎。虽以至公无私之心，行正大光明之事，亦须调剂人情，发明事理，俾大家信从，然后动有成，事可久。盖群情多暗于远识，小人不便于私己，群起而坏之，虽有良法，胡成胡久？"又云："天下事只怕认不真。若认得真时，更那管一国非之，天下非之。君子作事，举世惧且疑，而彼确然为之，卒如所料者，先见定也。故要见事后功业，休恤事前议论。事成后，众情自贴，即万一不成，而我为其所当为也，论不得成败。是非理也，成败势也，亦有势不可为，而犹为之者，惟其理而已。"

【注释】①张子韶：张九成（1092年~1159年），字子韶，其先开封人，徙居钱搪（今海宁盐官）。南宋名臣，著名学者。②杨忠愍公：即杨继盛（1516年~1555年）明代著名谏臣。字仲芳，号椒山，直隶容城（今河北容城县北河照村）人。嘉靖二十六年进士，官兵部员外郎。坐论马市，贬狄道典史。事白，入为户部员外，调兵部。疏劾严嵩而死，赠太常少卿，谥忠愍。后人以继盛故宅，改庙以奉，尊为城隍。著有《杨忠愍文集》。

【译文】处理越难处理的事，心胸就越应宽大；与越难相处的人相处，心胸就越应宽厚；处理越紧急的事，情绪就要越和缓；处理越重大的事，态度就应越平和；处理有疑难的问题，心中就越应没有成见。

无事时常照管此心，兢兢然若有事；有事时却放下此心，坦坦然若无事。无事如有事提防，才可弭意外之变；

有事如无事镇定，方可消局中之危。

【译文】没事时要经常警醒自己，谨慎小心如同有事的样子；有事时却要放下焦虑，心中坦然如同没事的样子。没事时要像有事一样时刻提防，才能防止意外事故的发生；有事时要像没事一样镇定自若，才可消除危急的局势。

当平常之日，应小事宜以应大事之心应之。盖天理无小，即人事观之，便有一个邪正，不可忽慢苟简，须审事之邪正以应之方可。

及变故之来，处大事宜以处小事之心处之。盖人事虽大，自天理观之，只有一个是非，不可惊惶失措，但凭理之是非以处之便得。

【原注】刘念台应事说云："事无大小，皆有理在，劈头判个是与非。见得是处，断然如此，虽鬼神不避；见得非处，断然不如此，虽千驷万钟不回。又于其中，条分缕析，辨个是中之非，非中之是，似是之非，似非之是。从此下手，沛然不疑，所以动有成绩。又凡事有先着，当图难于易，为大于细，有要着。一着胜人千万着，失此一着，满盘败局。又有先后着，如低棋以后着为先着，多是见小欲速之病，又了着，恐事至八九分便放手，终成灭裂也。盖见得是非后，又当计成败。如此，方是有用学问。学者遇事不能应，总是此心受病处，只有炼心法，更无炼事法。炼心之法，大要只是胸中无一事而已。无一事乃能事

事，此是主静工夫得力处。"又云："多事不如少事，省事不如无事。"

【译文】平常时，对待小事应当以对待大事的心态来对待。一般说来，天理虽没有大小，但从人情事理来看，便有邪与正的区别，不能疏忽怠慢，马虎了事，必须认真区分事情的邪正，才可以找出方法应对。等到变故发生时，处理大事应当以处理小事的心态来处置。一般来说，人情事故虽大，但从天理来看，便只有一个是非的区别，不必惊惶失措，只要凭天理的是非区别来处置，便能辨别清楚。

缓事宜急干，敏则有功；急事宜缓办，忙则多错。

【原注】事有必不可已者，必须早做。日捱一日，未必后日之能如今日也。若营父母远大之事，尤当吃紧。

刘直斋云："事属道义方可做，然却须宽绰细腻，真实忍耐，一一从头至尾，节次调停，方克有济。否则匆忙疏漏，必至虚矫急迫，反害义矣。"

【译文】不着急做的事应当赶紧干，动作快则效率高；着急做的事应当慢点办，做事匆忙则错误多。

不自反者看不出一身病痛，不耐烦者做不成一件事业。

【原注】只一耐烦心，天下何人不处得，天下何事不了得。

【译文】不自我反省的人，看不出自己的一身毛病；不耐烦做事的人，则不能成就一番事业。

日日行，不怕千万里。
常常做，不怕千万事。

【原注】陈榕门云："数语中有不息渐进二意。"

【译文】天天走路，不怕路途有千万里之遥；天天做事，不怕事情有千万件之多。

必有容，德乃大；必有忍，事乃济。

【译文】必须有肚量，德行才会广大；必须能忍受，事情才能成功。

过去事丢得一节是一节，现在事了得一节是一节，未来事省得一节是一节。

【原注】白香山①诗云："我有一言君记取，世间自取苦人多。"今试问劳扰烦苦之人，此事亦尽可已，果属万不可已者乎？当必恍然自悟矣。

【注释】①白香山：白居易（772年~846年），字乐天，号香山居士，又号醉吟先生，下邽人（今陕西渭南），出生于河南新郑，唐代三大诗人之一。白居易与元稹共同倡导新乐府运动，世称"元白"，与刘禹锡并称"刘白"。

【译文】过去的事情，能放下一件便是一件；现在的事情，能做得一件便是一件；未来的事情，能减省一件便减省一件。

强不知以为知，此乃大愚；
本无事而生事，是谓薄福。

【译文】不知晓却装知晓，这真正是愚痴到了极处；本来没事却要生出事来，这就叫福报微薄。

居处必先精勤，乃能闲暇；
凡事务求停妥，然后逍遥。
【原注】吕新吾云："世人通病，先事体怠神昏，临事手忙脚乱，既事意散心安。此事之贼也，不可不痛戒之。"
凡事豫则立，此五字极当理会。

【译文】日常首先要勤快，才能有闲暇；凡事务必要处理得当，然后才能逍遥自在。

天下最有受用是一闲字，然闲字要从勤中得来；
天下最讨便宜是一勤字，然勤字要从闲中做出。
【原注】若一懈怠，诸事都废。方寸中定有许多牵挂，何处讨

个闲来。若一扰乱，动手即错，一件事决费无数周折，勤也济不得事。

【译文】天下最让人享受的是个"闲"字，但是闲适只有从勤快中得到；天下最让人占便宜的是个"勤"字，然而勤是从平时闲中做出来的。

自己做事，切须不可迁滞，不可反复，不可琐碎。代人做事，极要耐得迁滞，耐得反复，耐得琐碎。

【原注】处事大忌急躁。急躁则先自处不暇，何暇治事。

【译文】为自己做事切记不能迁腐，不能反复，也不能过于烦琐。替人做事，就必须不怕麻烦，要耐得住拖沓、反复和琐碎。

谋人事如己事，而后虑之也审；
谋己事如人事，而后见之也明。

【原注】吕新吾云："人只是怕当局，当局者之十，不足以当旁观者之五。智虑以得失而昏也，胆气以得失而夺也。只没了得失心，则志气舒展。此心与旁观者一般，何事不济！"

陈榕门云："恒言是非得失，不知是非者公，而得失者私也。是非者理，而得失者数也。得失之心重，则明者亦昏，勇者亦怯矣。"

【译文】把别人的事当自己的事来想，思虑就会审慎；把自己的事当作别人的事来做，见识就会清明。

无心者公，无我者明。
【原注】当局之君子，不如旁观之众人者，以有心有我故也。

【译文】心中没有私心，处事就会公平；心中没有自我，处事则会明智。

置其身于是非之外，而后可以折是非之中；
置其身于利害之外，而后可以观利害之变。

【译文】置身于是非之外，然后才能客观评断是非；置身于利害之外，然后才能看清利害的变化。

在事者当置身利害之外，建言者当设身利害之中。
【原注】置身于外，则无所顾忌；设身其中，则平易近人。二语各极其妙。

【译文】当事之人应置身于利害之外考虑问题，提出建议的人则应设身于利害之中。

无事时戒一偷字，有事时戒一乱字。

【原注】吕新吾云："有涵养人，心思极细，虽应仓猝，而胸中依然暇豫，自无粗疏之病。心粗便是学不济处。"

【译文】无事之时要防止苟且，有事之时要防备慌乱。

将事而能弭，遇事而能救，既事而能挽，此之谓达权，此之谓才。

未事而知来，始事而要终，定事而知变，此之谓长虑，此之谓识。

【原注】陈榕门云："如此讲才，方不是机巧一流；如此讲识，方不是揣测一流。"

【译文】能够将要发生的事消除，遇到事情能够补救，事情发生后能挽救，这叫做达权，有才干。能够预知将来的事，做事有始有终，能够看到事情的发展变化，这叫深思熟虑，有见识。

提得起，放得下；算得到，做得完；看得破，撇得开。

【原注】非大有识力人不能，然亦要习学。

【译文】人要能拿得起，放得下，算得到，做得完，看得破，撇得开。

救已败之事者，如驭临崖之马，休轻策一鞭。

图垂成之功者，如挽上滩之舟，莫少停一棹。

【译文】挽救失败的事，就好像悬崖勒马，千万不能轻打一鞭。要完成即将成功的事，就好像拉船上沙滩，不能少停一桨。

以真实肝胆待人，事虽未必成功，日后人必见我之肝胆；

以诈伪心肠处事，人即一时受惑，日后人必见我之心肠。

【译文】如果用真诚心来待人，事情虽不一定会成功，但日后他人必定会知我的真心诚意；如果以欺诈的心肠来处理事情，别人或许一时会受到迷惑，但日后别人一定能看出我的狡诈心肠。

天下无不可化之人，但恐诚心未至；

天下无不可为之事，只怕立志不坚。

【原注】汤潜庵云："天下之事有真事，须天下之人有真心。无真心而做真事，必不得之数也。"

【译文】天下没有不能教化的人，只怕自己诚心不够。天下没有不能完成的事，只怕自己立志不坚定。

处人不可任己意，要悉人之情；

处事不可任己见，要悉事之理。

【原注】陈榕门云："悉人之情，则于己方为得理。悉事之理，则于事方克有济，不是漫无主见，终日向人觅生活也。"

【译文】与人相处不能任性，要了解人情世故；做事不能固执己见，要明白事理。

见事贵乎明理，处事贵乎心公。

【原注】理不明，则不能辨别是非；心不公，则不能裁度可否。惟理明心公，则于事无所疑惑，而处得其当矣。

【译文】对待事情贵在明白事理，处理事情贵在内心公正。

于天理汲汲①者，于人欲必淡；

于私事耽耽②者，于公务必疏；

于虚文熠熠③者，于本实必薄。

【注释】①汲汲：急于得到的样子。②耽耽：形容贪婪地注视。③虚文：形容闪光发亮。

【译文】忙于追求天理的人，欲望必定淡薄；忙于自己私事的人，对于公务处理必会粗疏；忙于追求华丽外表的人，其内在必定轻薄。

君子当事，则小人皆为君子；

至此不为君子，真小人也。

小人当事，则中人皆为小人；

至此不为小人，真君子也。

【译文】君子在位，那么小人都能因此成为君子；如此时仍不能成为君子的人，必定是真正的小人。小人当权，那么才能中等的人将受此影响而成为小人；若此时仍不愿成为小人的人，必定是真正的君子。

居官先厚民风，处事先求大体。

【译文】做官一定要先使民风淳厚，处事一定要先了解事情的本质。

论人当节取其长，曲谅其短；

做事必先审其害，后计其利。

【译文】评价一个人应肯定他的长处，体谅他的短处；做事必先了解它的害处，然后再考虑它的益处。

小人处事，于利合者为利，于利背者为害；

君子处事，于义合者为利，于义背者为害。

【原注】刘念台云："学莫先于义利之辨。义利两者，正人禽分途处也。义也者，天下之公也；利也者，一己之私也。人才为一己起见，便生出许多占便宜心，于凡辞受、取与、出处、死生之际，总无是处。利利也，名亦利也，如以利道德事功皆利也。为人子者，有所利焉而为孝，其孝必不真。为人臣者，有所利焉而为忠，其忠必不至。充其类便至弑父与君，故曰'差之毫厘，谬以千里'。吃紧在破除乡原窠臼，乡原正喻利之深者，故圣人恶之。吾侪学问，只从念头处讨分晓，见得义当便为必为，利不当为便必不为，是辨之最明处。"凡作事，第一念为自己思量，第二念便须替他人筹算。若彼此两益，或于己有益，于人无损，皆可为之。若益于己者十之九，损于人者十之一，即宜踌躇。若人与己损益相半，断宜撒手，况益全在己，损全在人者乎？若损己以益人，尤为上等君子。后之学者，三复斯言。

【译文】小人做事情，是以与他利益相合的为利，与他利益相违的为害；君子做事情，则以与义相合的为利，与义相违背的为害。

只人情世故熟了，什么大事做不到？
只天理人心合了，甚么好事做不成？
只一事不留心，便有一事不得其理；
只一物不留心，便有一物不得其所。

【原注】陈榕门云："此人情在公一边看。熟者，体察而熟悉

之，不是揣摩世故，曲徇人情。"心头有一分检点，自有一分得处。学者只事事留心，一毫不苟，其德业之进也，如流水矣。

遇事不可轻忽，虽至微至细者，皆当慎重处之。及事将完，越要加慎加勤加宽。

【译文】只要熟悉人情世故，还有什么大事做不到？只要合乎天理人心，还有什么好事做不成？只要有一件事不留心，便有一件事不能明白其中的道理；只要有一件东西不留心，便有一件东西不能适得其所。

事到手，且莫急，便要缓缓想；
想得时，切莫缓，便要急急行。
【原注】陈榕门云："缓字是详慎，不是怠缓。急字是果决，不是急遽。周公仰而思之，夜以继日，幸而得之，坐以待旦，正是此意。"

【译文】事情来临时，不要着急，要慢慢考虑解决的办法；想到了解决之法时，不要磨蹭，要赶快抓紧时间去行动。

事有机缘，不先不后，刚刚凑巧；
命若蹭蹬，走来走去，步步踏空。
【原注】张梦复云："'子曰：不知命，无以为君子。'《集注》：'人不知命，则见害必避，见利必趋。'何以为君子？余

少奉教于姚端恪公，服膺斯语，每遇疑难踌躇之事，辄依据此言，稍有把握。古人言居易以俟命，又言行法以俟命，人生祸福荣辱得丧，自有一定命数，确不可移。审此则害宜避，而有不能避之害；利可趋，而有不必趋之利。利害之见既除，而为君子之道始出，此为字甚有力。既知利害有一定，则落得做好人也。权势之人，岂必与之相抗以取害。到难于相从处，亦要内不失己，果谦和以谢之，宛转以避之，彼亦未必决能祸我。即祸我，亦命数宜然，又安知委曲从彼之祸，不更烈于此也。使我为州县官，决不用官银以媚上官。安知用官银之祸，不更甚于上官之失欢也。昔者米脂令边君，掘李贼之祖坟，贼破京师后，获边君置军中，欲甘心焉。挟至山西，以三十人守之。边君夜遁，后复为州守，自着虎吻余生，记其事。李贼杀人数十万，究不能杀一边君。死生有命，宁不信然欤？予官京师日久，每见人之数应为此官，而其时本无此一缺，有人焉竭力经营，干办停当，而此人无端偾之。如此者不一而足，此亦举世之人共知之。而当局往往迷而不悟，其中之求速反迟，求得反失。彼人为此人而谋，此事因彼事而坏，颠倒错乱，不可究诘。人能将耳目闻见之事，平日体察，亦可消许多妄念也。"

朱子曰："今人必要算到有利无害处，天下事哪里被你算得尽。"

【译文】事情的成功与否，是有缘分的，只有不早不晚，才能成功；命运中如果遇到挫折，如只是奔走忙碌，一定会步步踏空。

卷六　接物类

事属暧昧，要思回护他，着不得一点攻讦的念头。人属寒微，要思矜礼他，着不得一毫傲睨的气象。

【译文】属于别人隐私的事，要考虑如何袒护他，不能有一点揭发攻击他的念头；对于贫寒卑微的人，要想着礼遇尊敬他，不能有一丝傲慢轻视他的样子。

凡一事而关人终身，纵确见实闻，不可着口；
凡一语而伤我长厚，虽闲谈酒谑，慎勿形言。
【原注】结怨仇，招祸害，伤阴骘，皆由于此。至谈闺门中丑恶，尤触鬼神之怒。切戒。

【译文】凡是关系他人一生名誉的事，即便是亲眼所见，也不能说出去；凡是有损自己敦厚品行的话，即使是喝酒闲聊，也要谨慎不说。

严着此心以拒外诱，须如一团烈火，遇物即烧；宽着此心以待同群，须如一片春阳，无人不暖。

【译文】严谨把守自己的本心以抗拒外界的诱惑，要像焚烧的烈火一样，遇到引诱之物便将其焚毁；以宽厚的心胸对待身边的人，要像春天的阳光一样，使接触的人都能感到温暖。

持己当从无过中求有过，非独进德，亦且免患；待人当于有过中求无过，非但存厚，亦且解怨。

【译文】对待自己应当严格要求，即使没有过失，也要反省自己的过失，这不仅能修养自己的德行，而且也能免除祸患；对待别人应当宽厚包容，即使人家有过失也不可放在心上，这不但能培养自己的厚德，而且也能化解怨恨。

事后而议人得失，吹毛索垢，不肯丝毫放宽，试思己当其局，未必能效彼万一。

旁观而论人短长，抉隐摘微，不留些须余地，试思己受其毁，未必能安意顺承。

【原注】先哲云：“事后论人，局外论人，是学者大病。事后论人，每将智者说得极愚；局外论人，每将难事说得极易，二者皆从不忠不恕生出。”

【译文】事后议论别人的过失，吹毛求疵，不肯放过丝毫，试想如果换成自己，未必能做到他的万分之一；在旁议论别人的长短，刨根问底，不留丝毫余地，想想如果换成自己遭人诋毁，未必能够安心承受。

遇事只一味镇定从容，虽纷若乱丝，终当就绪；待人无半毫矫伪欺诈，纵狡如山鬼，亦自献诚。

【译文】遇事只要能够从容镇定应对，即便事情纷杂得好像乱丝，终究能够理出头绪；对待他人没有半点虚假，纵然狡猾得有如山鬼，最后也会自动坦诚相待。

公生明，诚生明，从容生明。

【原注】公生明者，不蔽于私也；诚生明者，不杂以伪也；从容生明者，不淆于惑也，舍是无明道矣。

【译文】公正、诚实、从容，可以使人变得明智。

人好刚，我以柔胜之；

人用术，我以诚感之；

人使气，我以理屈之。

【译文】别人性格刚强，我就以柔来克制他；别人善用心计，我就用诚意来感化他；别人易动怒气，我就用道理来折服他。

柔能制刚，遇赤子而贲育失其勇；

讷能屈辩，逢暗者而仪秦拙于词。

【译文】柔能克刚，所以当遇到小孩子时，即使如孟贲、夏育一样的大力士，也无用武之地；木讷能制服善辩之才，所以当遇到哑巴时，即使像苏秦、张仪一样的善辩家，也无可说之辞。

困天下之智者，不在智而在愚；
穷天下之辩者，不在辩而在讷；
伏天下之勇者，不在勇而在怯。

【译文】让天下聪明人困扰的，不是聪明而是愚笨；让天下善辩之人辞穷的，不是善辩而是木讷；使天下勇猛之人降伏的，不是勇猛而是怯懦。

以耐事了天下之多事；以无心息天下之争心。

【译文】以忍耐处事之心来了结天下的麻烦；以与世无争之心来平息天下的纷争。

何以息谤，曰无辩；何以止怨，曰不争。

【译文】如何制止毁谤？便是不去辩白；如何停止怨恨？便是不去争辩。

人之谤我也，与其能辩，不如能容；
人之侮我也，与其能防，不如能化。

【译文】面对别人毁谤，与其和他辩解，不如宽容他人；面对别人欺侮，与其提防他人，不如化解怨结。

是非窝里，人用口，我用耳；
热闹场中，人向前，我落后。
【原注】人皆扰扰，我独安安，此是何等襟度。

【译文】在是非圈里，别人用嘴说，我用耳听；在热闹场中，别人向前靠近，我向后远离。

观世间极恶事，则一眚一慝，尽可优容；
念古来极冤人，则一毁一辱，何须计较。

【译文】看过人间罪大恶极之事，那么面对一点点过失和邪恶，都可以宽容；想起古今蒙受奇冤之人，那么对于所有的毁谤和侮辱，都不必计较。

彼之理是，我之理非，我让之。
彼之理非，我之理是，我容之。
【原注】吕新吾云："两君子无争，相让故也。一君子一小人

无争，有容故也。争者两小人也。两个动气，一对小人，一般受祸。"

陈榕门云："一时之名利得失，一事之意见取舍，原不必定踞胜着。至于国家大事，伦常大节，又当别论。"

【译文】他的道理是对的，我的道理是错的，我让着他；他的道理是错的，我的道理是对的，我包容你。

能容小人是大人，能培薄德是厚德。

【译文】能容忍小人的人，是大度之人；能培养薄德之人的人，是厚德之人。

我不识何等为君子，但看每事肯吃亏的便是；
我不识何等为小人，但看每事好便宜的便是。

【原注】古人教人做好人，只十四字，简妙真切，曰"君子落得为君子，小人枉费做小人"。盖富贵贫贱，自有一定命数。做君子不会少了分内，做小人不会多了分内。落得者，犹言拾得，言极其便宜也。枉费者，犹言折本，言极其吃亏也。

林退斋临终，子孙环跪请训。先生曰："无他言，尔等只要学吃亏。自古英雄，只为不肯吃亏，害了多少事。"

【译文】我不知道什么样的人是君子，只要看每件事肯吃亏的人便是君子；我不知道什么样的人是小人，只要看每件事爱占便宜的人便是小人。

律身惟廉为宜，处世以退为尚。

【原注】二者乃崇德安身之道也。

【译文】自律只有廉洁最适宜，处事要以退让为崇尚。

以仁义存心，以勤俭作家，以忍让接物。

【原注】张梦复训子云："'古人有言终身让路，不失尺寸'。老氏以让为贵。左氏曰：'让，德之本也。'处里闾之间，信世俗之言，不过曰渐不可长，不过曰后将更甚，是大不然。人孰无天理良心，是非公道，揆之天道，有满损虚益之义；揆之鬼神，有亏盈福谦之理。自古只闻忍与让，足以消无穷之灾悔，未闻忍与让，反以酿后来之祸患也。欲行忍让之道，先须从小事做起。余曾署刑部事五十日，见天下大讼大狱，多从极小事起。君子谨小慎微，凡事只从小处了。余生平未尝多受小人之侮，只有一善策，能转弯早耳。每思天下事，受得小气，则不至于受大气；吃得小亏，则不至于吃大亏。此生平得力之处。凡事最不可想占便宜。便宜者，天下人之所共争也。我一人据之，则怨萃于我矣。我失便宜，则众怨消矣。故终身失便宜，乃终身得便宜也。此余数十年阅历有得之言，其遵守之。毋忽。"

【译文】要以仁义心存来做人，要以勤俭节约来立家，要以容忍退让来与人相处。

径路窄处，留一步与人行；
滋味浓处，减三分让人嗜。
任难任之事，要有力而无气；
处难处之人，要有知而无言。

【译文】道路狭窄的地方，要留一步让别人通过；味道浓郁的食物，要留一些让别人品尝；处理困难之事，要有力而没有怨言；与难处之人相处，要心知肚明而不说。

穷寇不可追也，遁①辞不可攻也，贫民不可威也。

【注释】①遁〔dùn〕：逃避，躲闪。
【译文】穷途末路之敌不能远追，支吾搪塞之话不可深究，贫贱困顿之民不能威逼。

祸莫大于不仇人，而有仇人之辞色；
耻莫大于不恩人，而诈恩人之状态。

【译文】最大的祸患莫过于与人无仇，却流露出仇视人的言语和神色；最大的耻辱莫过于对人无恩，却假装出施恩的样子与神态。

恩怕先益后损。

【原注】则恩反为仇，前功尽弃。

威怕先松后紧。

【原注】则管束不下，反招怨怒。

【译文】施恩害怕开始对人有益而后对人有害；威仪害怕开始松懈而后严格。

善用威者不轻怒，善用恩者不妄施。

【原注】陈榕门云："恩威乃治世大权，自上及下，离此二字不得。一不慎重，威不足惩，恩不足劝，悔之何及。"又云："人知威胜之弊，而不知恩胜之害。威胜者，可救以恩；恩胜者，难制以威。用恩威者，可以鉴矣。"

【译文】善于运用威严的人不会轻易发怒，善于使用恩德的人不会随意施恩。

宽厚者毋使人有所恃，精明者不使人无所容。

【原注】陈榕门云："宽厚而权常在己，则人无所恃。精明而体贴人情，则人有所容。此中有大学问大经济。"

使人敢怒而不敢言者，便是损阴骘处。

【译文】待人宽厚的人，不会让人想要有所倚恃；做事精明的人，不会使人觉得无地自容。

事有知其当变，而不得不因者，善救之而已矣。人有知其当退，而不得不用者，善驭之而已矣。

【译文】明知事情有变，却不得不顺其自然，这只是要善于补救罢了；明知某人应该黜退，却不得不延期使用，这只是要善于驾驭而已。

轻信轻发，听言之大戒也。
愈激愈厉，责善之大戒也。
【原注】吕新吾云："水激横流，火激横发，人激乱作。君子慎其所以激者。愧之，则小人可使为君子；激之，则君子可使为小人。"
激之而不怒者，非有大量，必有深机。

【译文】轻易相信谣言而随便动怒，这是听人说话的大忌；用激烈的方法劝人从善，这是劝人从善的大戒。

处事须留余地，责善切戒尽言。
【原注】曲木恶绳，顽石恶攻，责善之言，不可不慎也。吕新

吾云："责善，要看其人如何，又当尽长善救失之道。无指摘其所忌，无尽数其所失。无对人，无峭直，无长言，无累言。犯此六戒，虽忠告，非善道矣。"又云："论人须带三分浑厚，非直远祸。亦以留人掩盖之路，触人悔悟之机，养人体面之余，犹天地含蓄之气也。"

【译文】为人处事要给人留有空间；劝人从善切记不要过分苛责。

施在我有余之惠，则可以广德；
留在人不尽之情，则可以全交。
【原注】陈榕门云，至理名言，可为涉世龟鉴。

【译文】尽力所能帮助需要帮助的人，则可以增广德行；留不尽的人情给别人，则可以成全朋友之间的交情。

古人爱人之意多，故人易于改过，而视我也常亲，我之教益易行。

今人恶人之意多，故人甘于自弃，而视我也常仇，我之言必不入。

【原注】陈榕门云："虽烈日严霜，其中原有一段煦苏发育之意。故受者易入，人之为教，岂可异此。"

凡劝人不可遽指其过，必须先美其长。盖人喜则言易入，怒则言难入也。善化人者，心诚色温，气和词婉，容其所不及，而谅其所不能；恕其所不知，而体其所不欲；随事讲说，随时开导。彼乐接引之诚，而喜于所好，感督责之宽而愧其不材。人非木石，未有不长进者。我若嫉恶如仇，彼亦趋死如骛，虽欲自新而不可得，哀哉！

【译文】古人教导别人，多发自爱心，所以别人乐于改过自新，而且也常亲近教导者，所以教导容易推行。今人教导别人，多出于厌恶，所以别人宁愿自暴自弃，而且也常仇视教导者，所以教导难以实施。

喜闻人过，不若喜闻己过；
乐道己善，何如乐道人善。
【原注】陈榕门云："同一闻过道善之事，就人己间易地出之，便是圣狂之别。"

世之人喜闻人过，而恶闻己过，乐称己善，而恶称人善。试思这个念头，是君子乎？是小人乎？

【译文】喜欢听别人的过失缺点，不如为听到自己的过失而高兴；喜欢诉说自己的优点长处，不如为别人的善行而高兴。

听其言必观其行，是取人之道；
师其言不问其行，是取善之方。

【原注】师其言者，为其言之有益于我耳。苟益于我，人之贤否奚问焉？衣敝枲者市文绣，食糟糠者市粱肉，将以人弃之乎？

【译文】不要仅仅听他说的话，一定还要观察他的行为，这是选拔人才的方法；只需择取他说的话，不必过问他的行为，这是择善而从的方法。

论人之非，当原其心，不可徒泥其迹；

取人之善，当据其迹，不必深究其心。

【原注】吕新吾云："论人情只向薄处求，说人心只从恶边想，此是私而刻底念头，非长厚之道也。"

【译文】议论别人的过失，应当追究他内心的原意，而不能只看他表面的行为；学习别人的长处，应当只看他表现的行为，而不必去追究他的动机。

小人亦有好处，不可恶其人，并没其是；

君子亦有过差，不可好其人，并饰其非。

【译文】小人也有优点，不能因厌恶他而否定他的优点；君子也有过失，不能因喜欢他而掩饰他的过错。

小人固当远，然断不可显为仇敌；君子固当亲，然亦不可曲为附和。

【原注】先哲云："不得已而与小人居，须要外和吾色，内平吾心，决无苟且之理。"又云："觉人之诈，不形于言；受人之侮，不动于色。此中有无穷意味，亦有无限受用。"

【译文】小人固然应当远离，但一定不能明显地把他当作仇敌；君子固然应当亲近，但也不能够过分地曲意迎合。

待小人宜宽，防小人宜严。

【原注】待君子易，待小人难，待有才之小人则更难，待有功之小人则益难。

小人有功，可优之以赏，不可假之以权。

【译文】对待小人应当宽厚，防备小人应当严正。小人有功劳，可以给他优厚的奖赏，但不可以给他权力。

闻恶不可遽怒，恐为谗人泄忿；
闻善不可就亲，恐引奸人进身。

【译文】听到恶人恶事不能突然就发怒，以免被喜欢谗言之人利用来发泄其私忿；听说善人善事不能立即亲近，以免招致奸邪之人乘机利用来接近你。

先去私心，而后可以治公事；
先平己见，而后可以听人言。

【译文】只有抛开私心杂念，然后才能处理公共事务；只有去除心中的成见，然后才能客观倾听他人的意见。

修己以清心为要，涉世以慎言为先。

【译文】修身养性关键是要保持自己内心清净，处理事务首先要懂得谨慎自己的言行。

恶莫大于纵己之欲，祸莫大于言人之非。
【原注】施之君子则丧吾德，施之小人则杀吾身。

【译文】最大的罪恶莫过于放纵自己的欲望，最大的祸患莫过于议论他人的是非。

人生惟酒色机关，须百炼此身成铁汉。
世上有是非门户，要三缄其口①学金人。

【注释】①三缄其口：缄，封。三，泛指多次。在他嘴上多次贴了封条。形容说话谨慎。现在也用来形容不肯或不敢开口，典出《孔子家语》。
【译文】人生路途到处是酒色陷阱，必须努力锻炼，让自己成为不受诱惑的铁汉；社会上有许多的是是非非，要学铜人一样言语谨慎。

工于论人者，察己常阔疏；
狃于讦直者，发言多弊病。

【译文】巧于谈论别人的人，对自己的行为则常疏于反省；习惯攻讦正直的人，所说的话必定会有许多错处。

人情每见一人，始以为可亲，久而厌生，又以为可恶。非明于理而复体之以情，未有不割席者。

人情每处一境，始以为甚乐，久而厌生，又以为甚苦。非平其心而复济之以养，未有不思迁者。

【译文】一般情况下人们的交往，往往刚开始时觉得很亲近，可时间一久就会觉得厌烦，甚至可恶。如果不是通晓事理而又能体察人情世故，没有不分道扬镳的。人每到一个新环境，总是刚开始觉得很开心，但时间一久则会感觉厌烦，甚至苦闷。如果不是平心静气而又能不断修身养性，没有不想改变的。

观富贵人，当观其气概，如温厚和平者，则其荣必久，而其后必昌。

观贫贱人，当观其度量，如宽宏坦荡者，则其福必臻，而其家必裕。

【译文】看富贵之人，应当看他的气度如何。如果是温厚平和的人，那么他的荣贵一定会长久，而他的后代也一定会昌盛。看贫贱之人，应当看他的度量如何。如果是宽宏坦荡之人，那么他的福泽一定会兴盛，而他的家庭也必定会富裕。

　　宽厚之人，吾师以养量。缜密之人，吾师以炼识。
　　慈惠之人，吾师以御下。俭约之人，吾师以居家。
　　明通之人，吾师以生慧。质朴之人，吾师以藏拙。
　　才智之人，吾师以应变。缄默之人，吾师以存神。
　　谦恭善下之人，吾师以亲师友。
　　博学强识之人，吾师以广见闻。

【译文】心胸宽厚之人，我学习他的修养与气量。心思细密之人，我学习他的练达与见识。心地慈惠之人，我学习他的领导风范。勤俭节约之人，我学习他的持家之道。明白通达之人，我学习他的智慧之道。单纯淳朴之人，我学习他的韬光养晦。有才能智慧之人，我学习他的应变之术。沉默寡言之人，我学习他的修神养气。谦虚恭谨、善待下属之人，我学习他亲近师友的做法。博学多才、知识丰富之人，我学习他以增长自己的见识。

　　居视其所亲，富视其所与，达视其所举，穷视其所不为，贫视其所不取。

【原注】惟此言也，可以取友，可以延师，可以联姻，可以荐士，可以听言。并自己立心慎行之道，均由此五者得之矣。

【译文】观察一个人，平日居处要考察他所亲近的人，富有时要考察他所相交结识的人，显达时要考察他所举荐的人，困穷时要考察他不屑于做的事，贫寒时要考察他不贪取的东西。

取人之直恕其戆，取人之朴恕其愚，取人之介恕其隘。

取人之敬恕其疏，取人之辩恕其肆，取人之信恕其拘。

【原注】所谓人有所长，必有所短也。宜略短以取长，不可忌长以摘短。

【译文】看待一个人，要学习他的直爽而宽恕他的倔强，要学习他的朴实宽恕他的愚钝，要学习他的耿直宽恕他的狭隘，要学习他的恭敬宽恕他的疏漏，要学习他的善辩宽恕他的放肆，要学习他的信用宽恕他的拘执。

遇刚鲠①人，须耐他戾气；遇俊逸人，须耐他妄气。

遇朴厚人，须耐他滞气；遇佻达②人，须耐他浮气。

【原注】刘直斋云："凡与人交，不可求全责备，只该略短取长。譬如沙中拣金，所重在金，则一星之金，亦在所取，而忘其

沙之多寡。苟所恶在沙，虽有金亦不见矣。"

【注释】①刚鲠〔gěng〕：刚强正直。②佻达：轻薄放荡；轻浮。

【译文】遇到刚强耿直之人，必须要能忍耐他的暴戾之气；遇到俊逸洒脱之人，必须要能忍耐他的狂妄之气；遇到纯朴敦厚之人，必须要能忍耐他的迂腐之气；遇到轻佻放荡之人，必须要能忍耐他的浮躁之气。

人褊急，我受之以宽宏；人险仄，我待之以坦荡。
【原注】此炎热中投清凉散也。

【译文】别人气量狭隘，我以宽宏大量来接受他；他人阴险狡诈，我以坦荡磊落来对待他。

奸人诈而好名，他行事有确似君子处；
迂人执而不化，其决裂有甚于小人时。
【原注】我先别其为何如人，思所以处之之道，则得矣。

【译文】奸邪之人狡诈而喜好名声，所以他行事风格有坚确似君子的地方；迂腐之人执着而顽固不化，所以他的坚决程度有时甚至要胜过小人。

持身不可太皎洁，一切污辱垢秽，要茹纳得；

处世不可太分明，一切贤愚好丑，要包容得。

【原注】精明须藏在浑厚里作用。古人得祸，精明人十居其九，未有浑厚而得祸者。

吴遣二士至蜀，二士甚辩，武侯伟之，后二士皆被杀。武侯曰："二人只是黑白太分明。"

【译文】立身处世不可太过自命清高，对于一切羞辱委屈、肮脏污秽都要能适应并容忍；与人相处不可善恶分得太清，不管是好人、坏人、聪明人或愚笨之人都要能习惯并包容。

宇宙之大，何物不有？使择物而取之，安得别立宇宙，置此所舍之物？

人心之广，何人不容？使择人而好之，安有别个人心，复容所恶之人？

【原注】剖去胸中荆棘，以便人我往来，是天下第一宽闲快活心怀。

处世不可太严拣择，麒麟凤凰，虎豹蛇蝎，蕃然并生，只于一身，清浊并蕴。若洗肠涤胃，尽去浊秽，只留清虚，反非生理。

【译文】世界之大，什么东西没有？假如只选取对自己有用的东西，那又怎么能另外建立一个世界，放置自己不要的东西呢？人心广大，什么人不能容忍？假使只选择自己喜欢的人亲近，那又怎么有另外的人心，能够容纳自己厌恶的人呢?

> 德盛者其心和平，见人皆可取，故口中所许可者多;
> 德薄者其心刻傲，见人皆可憎，故目中所鄙弃者众。

【原注】圣人见人，皆圣人也。贤人见人，或贤或不肖。不肖人见人，则皆不肖矣。袁中郎言:"譬如人脾气强盛者，蔬粝亦皆甘美。否则美者甘，恶者苦。至如败坏之极，虽珍滑之物，亦不复能可口矣。"真善喻也。

吕新吾云:"世人喜言无好人，此孟浪语也。推原其病，皆从不忠不恕所致。自家便是个不好人，更何暇责备他人乎? 泛爱亲仁，圣人忠恕体用，端的如此。"

【译文】道德高尚的人，心气和缓平允，认为别人都有可取之处，所以心中值得称赞的人有许多;德行恶劣的人，性情尖刻狂傲，认为别人都是面目可憎之人，所以眼里认为应当鄙弃的人有许多。

> 律己宜带秋气，处世须带春风。

【原注】张梦复云:"待下我一等人，言语辞气，愈要和婉，此事甚不费钱。然彼人受之，同于实惠，只在精神照料得来，不可惮烦，易所谓劳谦是也。"

【译文】约束自己要像秋风扫落叶一般严厉，与人相处要像春风一样温暖和煦。

善处身者，必善处世，不善处世，贼身者也；

善处世者，必严修身，不严修身，媚世者也。

【译文】善于修身养性的人，一定善于处世，如果不善处世，就很容易伤害己身。善于处世的人，一定是严于修身养性的人，如果不能严于修身养性，那只是随波逐流之人。

爱人而人不爱，敬人而人不敬，君子必自反也；

爱人而人即爱，敬人而人即敬，君子益加谨焉。

【译文】如果自己爱护别人，但别人却不爱护自己；自己敬重别人，但别人却不敬重自己，那么君子就一定要自我反省了。如果自己爱护他人，而他人也爱护自己；自己敬重他人，而他人也敬重自己，那么君子就应更加谨慎自己的言行。

人若近贤良，譬如一张纸，以纸包兰麝，因香而得香。人若近邪友，譬如一枝柳，以柳贯鱼鳖，因臭而得臭。

【原注】陆清献公①与蒿庵翁②书云："一身远出，幼子无知，所恃者师保得人耳。舟中细思一齐众咻之义，觉得咻字情状万千，愈思愈觉可畏。非必有意引诱，然后为咻。凡亲友来者，或言语粗鄙，或举止轻率，一入初学耳目，便是终身毒药。故有

心之咻犹有限，无心之咻最无穷。此孟子所以必欲置之庄岳。然庄岳势不易得，惟恃一齐人之辞严义正，能使众咻辟易，望风而靡，则潇湘云梦，尽成庄岳矣。至于户外之事，惟有一静，幸太翁时提撕此意。"

【注释】①陆清献公：指陆陇其（1630年~1692年）清代理学家。原名龙其，因避讳改名陇其，谱名世穰，字稼书，浙江平湖人，学者称其为当湖先生。康熙九年进士，历官江南嘉定、直隶灵寿知县、四川道监察御史等，时称循吏。学术专宗朱熹，排斥陆王，被清廷誉为"本朝理学儒臣第一"，与陆世仪并称"二陆"。

②蒿庵翁：指张尔岐（1612年~1678年）字稷若，明清之际经学家，号蒿菴，山东济阳人，今店子乡张稷若村人，生于明神宗万历四十年，卒于清圣祖康熙十六年，年六十六岁。《清史稿·儒林》中有传。

【译文】人如果接近贤德之人，就有如一张白纸，用白纸包裹芝兰麝香，纸会因为包了香料而得到了香气；人假若亲近邪恶之人，就好像一枝柳条，用柳条贯穿臭鱼臭鳖，柳条也会因此而变得臭了。

人未己知，不可急求其知；人未己合，不可急与之合。

【原注】君子处世，宁风霜自挟，毋鱼鸟亲人。

刘直斋云："好合不如好散，此言极有理。盖合者始也，散者终也。至于好散，则善其终矣。凡处一事，交一人，无不皆然。则得正而毙，尤宜然也。"

士莫重于伦理，观其于家庭骨肉间，有一番至性缠绵处，其人便可相与。古来未有家门凉德而外得厚交者，于此处取友，最当。

或谓世有不爱其亲而待他人则亲厚，不敬其兄而遇他人则谦逊者，不知其亲厚也。特世故中之周旋，其谦逊也，乃势利中之卑谄耳。倘一旦机隙萌生，则握手者即变而攘臂，拥帚者即起而操戈矣。若孝悌人纵有不平，必不横决如此。

【译文】对于不了解自己的人，不要急于让别人了解自己；对于与自己见解不同的人，不要急于让他认同自己的意见。

落落者难合，一合便不可离；欣欣者易亲，乍亲忽然成怨。

【原注】王弇州①云："博奕之交不终日，饮食之交不终月，势利之交不终年，惟道义之交，可以终身。"

子车氏之貒，色粹而黑，一产三豚。其一驳而白，恶其弗类也，啮杀之。若敖氏之狗，群聚而戏，俯仰跳踯，甚相得也。有骨投地，其一得之，则群啮而争夺，口鼻流血矣。见别于爱憎，虽骨肉而戕啮，意兢于势利。即胶漆而戈矛，何异乎子车氏之貒，若敖氏之狗哉。

【注释】①王弇州：指王世贞（1526年~1590年），明代文学家、史学家。字元美，号凤洲，又号弇州山人。

【译文】孤独的人让人难以相处，但一旦与他相交便会情谊深厚而难以分离；喜欢热闹的人容易和人亲近，但往往会突然结怨而分道扬镳。

能媚我者，必能害我。宜加意防之。

【原注】张梦复云："此辈毒人，如鸩之入口，蛇之螫肤，断断不异决无解救之说。芸圃诗有云：'于今道上揶揄鬼，原是樽前妩媚人。'盖痛乎其言之矣。"

肯规予者，必肯助予。宜倾心听之。

【原注】先哲云："平时强项好直言者，即患难时不肯负我之人，圆软一辈，掉臂去之，或且下石焉。"又云："人有过失，非其知己，孰肯指陈？泛然相识，不过背后窃议之耳。乃不能见德而反以之为仇，于彼何与，适所以自成其不可救药之病而已。"

【译文】能讨好巴结我的人，一定也能伤害到我，所以应当特别留心防范他；肯规劝教导我的人，一定也愿意帮助我，所以应当认真倾听他的教诲。

出一个大伤元气进士，不如出一个能积阴德平民。交一个读破万卷邪士，不如交一个不识一字端人。

【译文】出一个品行不端的高官，不如出一个能积德行善的平民；结交一个饱读诗书的邪恶之人，不如结交一个不识一字的正直诚实之人。

无事时埋藏着许多小人，多事时识破了许多君子。

【译文】没事之时，小人之心藏而不露；多事之时，假君子的面目便纷纷暴露。

一种人难悦，亦难事，只是度量褊狭，不失为君子。

一种人易事，亦易悦，这是贪污软弱，不免为小人。

【原注】陈榕门云："君子小人中，确乎有此二种，可以发圣言所未发。"

【译文】有一种人，难以取悦也难以共事，但他只是度量狭小，而不失为君子。有一些人，容易共事也容易取悦，但他却是贪污软弱，不免成为小人。

大恶多从柔处伏，须防绵里之针。

深仇常自爱中来，宜防刀头之蜜。

【译文】大的罪恶多潜伏在阴柔的地方，必须像防藏在棉花中的针一样以防被刺伤。深仇大恨常因爱而生，应当像防利刃上的甜蜜一样以防被割伤。

惠我者小恩，携我为善者大恩。

害我者小仇，引我为恶者大仇。

【译文】施惠于我的是小恩，教导我从善的是大恩。伤害我的是小仇，引诱我做恶事的是大仇。

毋受小人私恩，受则恩不可酬；毋犯士夫公怒，犯则怒不可救。

【译文】不要接受小人的私恩，接受了就难以回报了。不要触犯官吏的公愤，触犯了就难以挽救了。

喜时说尽知心，到失欢须防发泄。
恼时说尽伤心，恐再好自觉羞惭。

【译文】高兴时说尽了知心话，在交情破裂后要防止对方以此泄愤。生气时说尽了伤心话，恐怕和好后会自觉羞惭。

盛喜中勿许人物，盛怒中勿答人书。
【原注】喜时之言多失信，怒时之言多失体。

【译文】大喜之时不要给予别人什么许诺，大怒之时不要随便与人说话。

顽石之中，良玉隐焉。寒灰之中，星火寓焉。

【原注】是以君子不轻弃人。不轻量人。

【译文】顽石中有隐藏的美玉，寒灰中有未烬的火星。

静坐常思己过，闲谈莫论人非。

【译文】静坐时要经常反省自己的过错；与人闲聊时不要议论别人的是非。

对痴人莫说梦话，防所误也。

见短人莫说矮话，避所忌也。

【译文】对痴迷的人不要说不着边际的话，以免误导他。见到个矮的人不要说有关个矮的话，以避他的忌讳。

面谀之词，有识者未必悦心。

背后之议，受憾者常至刻骨。

【译文】阿谀奉承的话，有见识的人不一定喜欢听；背后议人是非，被议论者常会恨之入骨。

攻人之恶毋太严，要思其堪受。

教人以善毋过高，当使其可从。

【译文】指责别人的过失时不能太过分，要想想他是否能承受。劝导别人行善时不能要求太高，要考虑他能否做到。

互乡童子则进之，开其善也。
阙党童子则抑之，勉其学也。
【原注】兼此二义，可以因人施教，可谓以德化民。

【译文】对于缺乏教养的孩子应当教他上进，开导他从善；对于有教养的孩子应当抑制其傲气，勉励他努力学习。

不可无"不可一世"之识，
不可有"不可一人"之心。

【译文】人不能没有"一生没有什么是不可为"的见识；不能有"所有的人和事都是为了一个人"的私心。

事有急之不白者，缓之或自明，毋急躁以速其戾。人有操之不从者，纵之或自化，毋苛刻以益其顽。

【译文】事情有想急迫知道却又不明白的，缓一段时间或许自己就会明白了，不要急躁以免加速事情的变坏；人有想教化他却又不服的, 放任他或许他自己能省悟, 不要对他苛刻以使他更加顽固。

遇矜才者毋以才相矜, 但以愚敌其才, 便可压倒。遇炫奇者毋以奇相炫, 但以常敌其奇, 便可破除。

【译文】遇到自负才学的人, 不要以才华与他相比, 只要用愚笨的方法来抗衡他的才能, 便可让他屈服; 遇到喜欢炫耀奇物的人, 不要用奇特的东西向他炫耀, 只要用平常的东西与他的奇物相比, 便可消除他的炫耀之心。

直道事人, 虚衷御物。
【原注】周石藩云: "人有好歹, 事有虚实, 断不可据先入之言, 遂挟成心以待之。盖胸中一有成见, 则窒塞而不公。不公则不明, 以至是非颠倒, 皂白不分。其不屈人而偾事者鲜矣。或居家, 或做官, 就人论人, 就事论事, 心中不着些子尘垢, 方能虚中悉理, 不至误于人言。"

【译文】以直率坦诚的心来待人, 以虚无之心来驾御万物。

岂能尽如人意, 但求不愧我心。
【原注】人情有公亦有私, 必事事求如人意, 是徇也。惟准之于理, 乃至公而无私矣。

【译文】人生怎能要求事事如意？只要无愧于心就好。

不近人情，举足尽是危机。
不体物情，一生俱成梦境。

【译文】不近人情世故，抬脚走到哪里都会遇到危机；不体察万物实际，一生都会虚幻犹如梦境。

己性不可任，当用逆法制之，其道在一忍字。
人性不可拂，当用顺法调之，其道在一恕字。

【译文】自己的习性不能放任，应当用逆反之法来遏制，其关键在于"忍"；他人的性情、习惯不可违背，应当用顺应之法来调和，其关键在于"恕"。

仇莫深于不体人之私而又苦之；
祸莫大于不讳人之短而又讦之。

【译文】深仇大恨莫过于不体谅别人的隐私，反而还让他困苦；大祸巨灾莫过于不避忌别人的短处，反而还攻击他。

辱人以不堪，必反辱。
伤人以已甚，必反伤。

【译文】过分羞辱别人，必定会反受侮辱；过分伤害他人，必定会反遭伤害。

处富贵之时，要知贫贱的痛痒。

【原注】一富人饮酒温室，语人曰："今冬和暖如是，时令甚不正。"贫人门外闻之，顿足曰："外边时令却甚正。"

值少壮之日，须念衰老的辛酸。

入安乐之场，当体患难人景况。

居旁观之地，要谅局内人苦心。

【原注】范文正公①淮上遇风诗曰："一棹危于叶，旁观欲损神。他年在平地，毋忽险中人。"

【注释】①范文正公：指范仲淹（989年~1052年），字希文，汉族，北宋著名的政治家、思想家、军事家、文学家、教育家，世称"范文正公"。

【译文】人在富贵之时，应了解贫穷卑贱时的痛苦；在年轻力壮时，应体念年老体衰时的辛酸；在出入安乐场所时，应当体会身处患难中的人的境况；站在旁观者的立场，应当体谅当事者的苦衷。

临事须替别人想，论人先将自己想。

【译文】遇到事情时应先替别人着想，议论别人时应先想想自己做得如何。

欲胜人者先自胜，欲论人者先自论，欲知人者先自知。

【译文】想要战胜别人必须先战胜自己；想要议论别人必须先想想自己做得如何；想要了解别人必须先要了解自己。

待人三自反，处世两如何。

【译文】待人要再三反省自己，处世要细细考量。

待富贵人，不难有礼，而难有体。
待贫贱人，不难有恩，而难有礼。

【译文】对待富贵之人，不难做到以礼，而难在做到得体。对待贫贱之人，不难做到有恩，而难在是否有礼。

对愁人勿乐，对哭人勿笑，对失意人勿矜。

【译文】在忧愁的人面前不要显露快乐；在伤心的人面前不要展露笑容；在失意的人面前不要表现出得意。

见人背语，勿倾耳窃听。

入人之室，勿侧目旁观。

到人案头，勿信手乱翻。

【译文】看见别人背着说话，不要倾耳偷听；进入别人房间，不要东张西望；在别人书桌旁，不要随意乱翻。

不蹈无人之室，不入有事之门，不处藏物之所。

【原注】非但远嫌，亦以避祸。

【译文】不进没人的房间，不去是非之地，不在藏有物品的地方停留。

俗语近于市，纤语近于娟，诨语近于优。

【原注】士君子一涉于此，不独损威，亦难迓福。

【译文】低俗之语就像市侩之人所说；纤巧之语就像娼妓之人所说；嬉笑之语就像唱戏之人所说。

闻君子议论，如啜苦茗。森严之后，甘芳溢颊。闻小人言语，如嚼糖霜。爽美之后，寒冰凝胸。

【译文】听君子的议论就像喝苦茶，苦涩之后满嘴甘美。听小人的言语就像吃糖糕，甘甜过后便觉满腔寒冷。

凡为外所胜者，皆内不足。

【原注】今人见人敬慢，辄生喜愠心，皆外重者也。此迷不破，胸中冰炭一生。

凡为邪所夺者，皆正不足。

【原注】二者如持衡然，这边低一分，那边即昂一分，未有毫发相下者也。

【译文】凡被外在之物战胜的人，往往自身修养不够。凡被奸邪之物降伏的人，都是不够正气的人。

存乎天者，于我无与也；穷通得丧，吾听之而已。存乎我者，于人无与也；毁誉是非，吾置之而已。

【原注】先哲云："无恶而毁，于我何疢？无善而誉，于我何有？一庸人誉之则加喜，一庸人毁之则加怒，是亦庸人而已矣。真善真恶在我，毁誉与我何干？"又云："处毁誉要有识有量，识量大则毁誉欣戚不足以动其中。"又云："余刻古书，校之又校，然鲁鱼帝虎，百仍二三。夫亲眼相对尚然，况以耳传耳。其是非毁誉，宁有真乎？"又云："从来圣贤，未有不遭毁谤者。故曰其不善者恶之，不为小人所恶，安得成个君子？闻毁者须察这毁言从何处来，更察这毁人者，是君子是小人。既可以得毁人者，又可以得被毁者，此两得之道也。闻誉者亦用此法最妙。大凡操进退之柄者，是非毁誉，无日不至于前。置之则非公听并观

之道，听之则开游扬排挤之端。惟先就毁誉者之人品，以为权衡，则致毁致誉之由，不辨自明。为所毁、为所誉者，邪正立见，此为用众而不为众用也。"

【译文】由上天掌握的命运，我无法参与干涉；穷困通达与得失，一切只能听其自然。自己能掌控的事情，别人无法干涉决定，侮辱荣耀与是非，一切置之不理。

小人乐闻君子之过，君子耻闻小人之恶。

【原注】此存心厚薄之分，故人品因之而别。

【译文】小人喜欢听到君子的过失，君子耻于听到小人的恶行。

慕人善者，勿问其所以善；恐拟议之念生，而效法之念微矣。

济人穷者，勿问其所以穷。恐憎恶之心生，而恻隐之心泯矣。

【译文】仰慕他人的善行，不要问他为何行善，以免引起自己的猜疑而减弱自己效法行善的念头。救济贫困之人，不要问他为何穷困，以免自己产生厌恶之心而泯灭了同情之心。

时穷势蹙之人，当原其初心。功成名立之士，当观其末路。

【译文】对于穷困无势之人，应当探究他的本心；对于功成名就之士，应当观看他的结局。

踪多历乱，定有必不得已之私。
言到支离，才是无可奈何之处。
【原注】吾辈须于此放宽一步。

【译文】经历众多挫折的人，一定有迫不得已的苦衷；话未说完而无法说下去，一定是有无可奈何之处。

惠不在大，在乎当厄；怨不在多，在乎伤心。

【译文】恩惠不在大小，而在于受恩者当时正处困境；怨恨不在多少，而在于是否让人伤心。

毋以小嫌疏至戚，毋以新怨忘旧恩。

【译文】不要因为小过节而疏远至亲好友；不要因为新的怨恨而忘记过去的恩情。

两惠无不释之怨，两求无不合之交，两怒无不成之祸。

【原注】吃紧全在两字，事之成败，人之祸福，莫不以两者共成之也。

【译文】双方都对对方施以恩惠，那么没有不可消释的怨恨；两人都成全对方，那么没有不能和好的友情；两人都恼怒对方，那么没有酿不成的祸患。

古之名望相近则相得，今之名望相近则相妒。

【原注】陈榕门云："无论古今，公则未有不相得，私则未有不相妒者。所谓私，非独势利得失，即如嫌疑未化，偶有偏主，皆私也。噫，难言之矣。"

【译文】古时候的人，名望相近也能融洽相处；现在的人，名望相当则相互妒嫉。

卷七 齐家类

　　勤俭，治家之本；忠孝，齐家之本；谨慎，保家之本；诗书，起家之本；积善，传家之本。

　　【译文】勤劳节俭，是治家的根本；忠诚孝顺，是齐家的根本；谨慎持重，是保家的根本；诗书文章，是振兴家道的根本；积德行善，是传承家业的根本。

　　天下无不是的父母。
　　【原注】陈诚卿云："自来乱臣贼子，其始皆见得君父有不是处。微根不除，遂至横决尔。"
　　世间最难得者兄弟。
　　【原注】世有以异母兄弟而隔膜视者，此但知有母，而不知有父者也，与禽兽何以异。

　　【译文】对儿女来说，世上没有不是的父母；对兄弟来说，应珍惜难得的手足之情。

　　以父母之心为心，天下无不友之兄弟。
　　以祖宗之心为心，天下无不和之族人。
　　以天地之心为心，天下无不爱之民物。

【译文】以父母的慈爱之心来对待手足，那么天下就没有不友爱的兄弟了；以祖先的仁爱之心来对待族人，那么天下就没有不和睦的宗族了；以天地的博爱之心来对待万物，那么天下就没有不敬爱的事物了。

人君以天地之心为心，人子以父母之心为心，天下无不一之心矣。

臣工以国家之事为事，奴仆以家主之事为事，天下无不一之事矣。

【原注】气蕴宏深，读者注意。

【译文】国君应以天地广博的襟怀来对待百姓，为人子应当以父母慈爱的胸怀来对待别人，那么天下就没有不能团结和睦的心了；作为人臣应当把朝廷的事当成自己的事，作为奴仆应当把主人的事当成自己的事，那么天下就没有办不好的事了！

孝莫辞劳，转眼便为人父母。

善毋望报，回头但看尔儿孙。

【译文】孝顺父母应当不辞劳苦，转眼自己也会为人父母。行善不要期望回报，回头便能看到自己的儿孙（可获回报）。

子之孝，不如率妇以为孝，妇能养亲者也。公姑得一孝妇，胜如得一孝子。

妇之孝，不如导孙以为孝，孙能娱亲者也。祖父得一孝孙，又增一辈孝子。

【译文】儿子孝顺父母，不如引导媳妇来孝顺父母，因为媳妇是可以奉养双亲的；父母如果能得到一个孝顺的媳妇，将胜过一个孝顺的儿子。媳妇孝顺父母，不如教导孙子来孝顺父母，因为孙子能让父母快乐；祖父得到一个孝顺的孙子，等于又增添了一辈孝子。

父母所欲为者，我继述之。

【原注】凡父母生前所欲为而不得者，我善为继述之。孝思之大，莫过于是。

父母所重念者，我亲厚之。

【原注】凡人父母虽亡，无可补过。然有兄弟，有姐妹，皆父母所重念之人也，我当看顾之，联和之，则父母在天之灵悦。有伯叔，有宗族，皆祖父所不忘之人也，我当体恤之，周济之，则祖父在天之灵悦。有亲戚，有邻朋，亦祖父所加意之人也，我当提携之，怜悯之，不独祖父在天之灵悦，即在天虚空之神鬼，亦无不皆悦。

【译文】对父母亲生前所期望的，我们应继承遗志，努力去完成；对父母亲生前所惦念的人，我要亲近并厚待他们。

婚而论财，究也夫妇之道丧。

【原注】古者男女之族，各择德焉，不以财为礼。

文中子曰："婚姻而论财，夷虏之道也，君子不入其乡。近世婚嫁一事，竞尚侈奢，日趋日盛。其实豪华满眼，不过一瞬虚名，有何实际而铺张扬厉若此？德不如人，而衣饰是尚？家不能治而容冶相先，因之败德蠹家，离间骨肉多矣。先辈诗云：'婚姻几见斗奢华，金屋银屏众口夸。转眼十年人事变，妆奁贱卖与人家。'殊有深味，每见嫁资丰饶之女，多至非贫则夭者，虽曰其命，亦未必非暴殄天物之孽也。"

葬而求福，究也父子之恩绝。

【原注】古人云："先有人而后有地，先有德而后有人。此真探源之论，可破除葬师一切妄谈谬说。盖山川英灵之蕴，冲和之萃，必有神物为之护持，乃造物秘之以待善人也。岂人力之所能为哉？故吉壤之遇，每在乎贫贱、积善之余，而凶土之藏，辄卜于富贵不仁之后。若使神工果可夺，天命果可改，则古今富贵在一家，而造物之机几息矣。宋谦父云：'世人尽知穴在山，岂知穴在方寸间。好山好水世不乏，苟非其人寻不见。我见富贵家人坟，往往葬时皆贫贱。迨至富贵力可求，人事尽时天理变。'仁人孝子，可以知所自处矣。"

【译文】婚嫁之事如讲究财礼多少，最终会让夫妇之道丧失殆尽；丧葬之事如祈求福穴，终究会导致父子的情分断绝。

君子有终身之丧，忌日是也。

君子有百世之养，丘墓是也。

【原注】志石墓碑，不在禁例。稍有力者，宜内志以石，或记事功，或止勒亡者生庚。故葬年月，及山向四至大概，附埋冢内，上树碑一通，不必过于高大，嫌于僭也。碑面照有无封赠职衔，据实开刻，考妣某某之墓，旁书子某孙某敬立，碑阴仍将父母生庚。故葬年月日，所葬坐山朝向，及坟地四至丈尺，墓田亩数，明白刊刻。庶可示久远，以防侵占。为人子者，不可不急讲也。

【译文】让君子终生黯然伤神的，是父母每年的忌日；让君子对祖先百世奉养的，是不忘常常去父母坟前祭祀。

兄弟一块肉，妇人是刀锥。

【原注】言任其剜割也。

兄弟一釜羹，妇人是盐梅。

【原注】言任其调和也。

大抵妇人之见，不广远，不公平，非丈夫有远识。虽平日素明义理者，迨日渐月渍，则为其役而不自觉。旨哉！郑濂对明太祖之言曰："治家之道，惟不听妇人言而已。"

【译文】兄弟好比一块肉，而妻子则是切割骨肉的刀子和利锥；

兄弟好比一锅汤，而妻子则是或酸或咸的调味品。

兄弟和，其中自乐；子孙贤，此外何求？

【译文】兄弟和睦，其中自有乐趣。子孙贤孝，此外还有何求？

心术不可得罪于天地；言行要留好样与儿孙。
【原注】思辨录云："教子弟当以身率先。每见人家子弟，父兄未尝着意督率，而规模动静，性情好尚，辄酷肖其父兄，皆身教为之也。"

【译文】用心不可违逆天地良心，言行举止要做儿孙榜样。

现在之福，积自祖宗者，不可不惜。
将来之福，贻于子孙者，不可不培。
现在之福如点灯，随点则随竭。
将来之福如添油，愈添则愈明。
【原注】颜光衷云："世之登高第者，自以为读书材能所致；权势在手，恣傲无忌，尽改故步。孰知些小福分，皆从祖父殷勤得来，不添油注炭，热炎能几何乎？"

【译文】现有的福泽是祖宗积留的，不能不珍惜；将来的福泽是留给儿孙的，不能不培植。现有的福泽就像点油灯，点着慢慢就会枯竭；未来的福泽就像添油灯，越添灯越亮。

问祖宗之泽，吾享者是，当念积累之难。

问子孙之福，吾贻者是，要思倾覆之易。

【译文】问祖宗遗留的福泽在哪里，我们现在享受的便是，我们应当体念当初祖宗积德的艰难。问子孙所享的福泽在哪里，我们现在遗留的便是，我们应当想到用尽是很容易的。

要知前世因，今生受者是。吾谓昨日以前，尔父尔祖，皆前世也。要知后世果，今生作者是。吾谓今日以后，尔子尔孙，皆后世也。

【译文】要知道前世的因是什么，看看现在所承受的就知道了。我所说的昨日以前，包括你祖父、父亲，这都是前世。要知道后世的果报，看看现在所做的事便知道了。我所谓的今日以后，包括你的子女、孙子，都是所谓的后世。

祖宗富贵，自诗书中来；子孙享富贵，则弃诗书矣。

祖宗家业，自勤俭中来；子孙享家业，则忘勤俭矣。

【原注】此所以多衰门也。

【译文】祖宗的富贵，是从诗书中来的；子孙们享受富贵，往往把诗书抛弃了。祖宗的家业，是从勤俭中来的；子孙们享受祖业，往往忘记了勤俭。

　　近处不能感动，未有能及远者。
　　小处不能调理，未有能治大者。
　　亲者不能联属，未有能格疏者。
　　一家生理不能全备，未有能安养百姓者。
　　一家子弟不率规矩，未有能教诲他人者。
　　【原注】齐家之道，悉在乎是。

　　【译文】不能感动身边亲近的人，那么就无法感化其他人；不能处理小事情，那么就不能治理大事；不能和睦亲友，就不能匡正关系疏远的人。不能照料一家的生计，就不能安养百姓；不能让家中的子弟遵守规矩，就不能教导其他人。

　　至乐无如读书。
　　【原注】张梦复训子云："人心至灵至动，惟读书可以养之。否则必至心意颠倒，妄想生瞋。往往处逆境不乐，处顺境亦不乐者，此必不读书之人也。"又云："读书固所以继家声，然亦使人敬重。每见仕宦显赫之家，其老者或退或故，而其家索然者，其后无读书之人也。其家蔚然者，其后有读书之人也。山有猛兽，而藜藿为之不采；家有儒士，而强暴为之改容。岂止掇青紫荣宗祊而已哉？"

至要莫如教子。

【原注】善教子者，先要将邪正两途，与之熟讲，使之立定脚跟，方可依样做去，自然心有把握，生死受用，皆在于此。而今父兄，但思荣其身，不思葆其心，或以声色货利、权焰威宠，激其读书志气。智者犹以为权说，不至误会。愚者必以为实义，便唯此是慕。幸得名位，则遂其素志，适足为长欲荡淫，作恶损德之资。上辱祖考，下毒儿孙，其害有不可胜言者。

【译文】*最快乐的事莫过于读书，最重要的事莫过于教导儿女。*

子弟有才，制其爱毋弛其诲，故不以骄败。

【原注】颜光衷云："天下风俗败时，大抵自为子弟时，先做坏了。人品心术坏时，亦自为子弟时。先做坏了，稍有拂戾，便容受不下；小有才气，便收拾不住，所以一到长成，放出无状来，遂不可当。古来洒扫应对，奉几侍立，都是要消除子弟的雄心猛气，使之鞭向入微耳。"

先哲云："教贫贱家儿，尚可稍从宽恕；至富贵家子弟，尤须痛惩，不容轻贷。何也？彼其骄贵痴养，颐指气使，种种已积之胸中矣。苟非严父贤师，共勤追逐，鲜有能成器者也。"又云："子弟生于富贵家，是大不幸。惟富贵则性傲，千罪百恶，都从傲中来。"又云："富贵家子弟，要使他知贫贱的意味。试观自古圣贤，未有不从忧苦贫贱中来。惟贫贱，则思自立；思自立，则志刚毅，而事有为矣。"

子弟不肖，严其诲毋薄其爱，故不以怨离。

【原注】子弟愚顽无志者，督责过严，则彼益自弃，而甘于下流。故须加奖励，或立赏格鼓舞之。观古人为政，必赏罚并行，乃能致治。则知父兄教子弟神机妙用，亦在奖励与督责并行也。

【译文】子女有才能，要控抑对他们的爱而不要放松对他们的教诲，这样子女才不会因骄傲而失败。子女不成材，要严加教诲但不能减少对他们的爱，这样他们才不会因怨恨而远离。

雨泽过润，万物之灾也。恩宠过礼，臣妾之灾也。情爱过义，子孙之灾也。

【原注】以肥甘爱儿女，而不思其伤身；以姑息爱儿女，而不思其败德，皆妇人之仁也。噫，世之自爱而陷于自杀者，又十人而九矣。故善教子者，一严之外无他术；善用严者，一慎之外无他道。今人教子，每事疏忽宽纵，不耐留心，迨至德性已坏，听之不可，禁之不能，诛之又不忍，始悔前日之失教也，晚矣。

【译文】雨水过多，对万物来说是灾害；恩宠太多，对臣子妻妾来说是灾害；情爱过多而不义，那么就会成为子孙的灾害。

安详恭敬，是教小儿第一法。

【原注】子弟之成否，不必望其才华过人，但观其谨饬与放肆，则一生之事业，可豫定矣。

公正严明，是做家长第一法。

【原注】吕新吾云："齐家者如以刀切物，使参差者就于一致也。家人恩胜之地，大都情多而义少，私易而公难。若人人各遂其欲，势将无极，惟刚正之人，则能不以私恩失其正理。故古人以父母为严君，而家法要平明。盖对证之治也。"又云："家法所系甚重也，猝然而拟人以俳优，虽乞丐未有不怒者。而俳优之家，世世业之而不知耻，其子孙岂绝无羞恶之良心哉，亦相习而不以为怪，为家法之所囿耳。是故欲子孙善，则莫如正家法。"

【译文】安祥恭敬，是教育小孩的首要法则；公正严明，是作为家长的第一准则。

人一心先无主宰，如何整理得一身正当。

人一身先无规矩，如何调剂得一家肃穆。

【原注】一家之中，老幼男女，无一个规矩礼法，虽眼前兴旺，即此便是衰败景象。

【译文】如果心中没有主宰，那怎么能让自己品行正当？如果言行没有规矩，那怎么能让家庭谨严有序？

融得性情上偏私，便是大学问。

消得家庭中嫌隙，便是大经纶。

【原注】张扬园云："父子、兄弟、夫妇，人伦之大者。一

家之中，惟此三亲而已，不可稍有乖张。父子尤其本也，一处乖张，即处处乖张，安有缺于此而全于彼者？自古人伦之变，祸败所贻，常及数世，天道然也。"

【译文】能消除性情上的偏私，是一门大学问；能消除家庭中的隔阂，也是一门大学问。

遇朋友交游之失，宜剀切不宜游移。

处家庭骨肉之变，宜委曲不宜激烈。

【原注】家庭乃天真之地，然到极难处时，不能不以委曲将之。大舜、闵子，所以成孝子者，正以难处中能委曲也。昔贤谓委曲求全，岂遂无术，八字宜味，非过来人不能道此。

【译文】遇到朋友有错，应当予以规劝，不要犹豫不决；遭逢家庭变故，应当委婉冷静处理，不要过激。

未有和气萃焉而家不吉昌者。

【原注】父慈子孝，兄友弟恭，夫义妇顺，此和气之最难得者。

未有戾气结焉而家不衰败者。

【原注】先哲云："凡至人家，闻老人嗟叹声，子弟骄纵声，妇女诟谇声，幼稚娇宠声，宾朋谄谀声，奴仆哗笑声，婢媪惨切声，而主人则昏昏然、嬉嬉然，一似作梦呓声者，其家必不久即破。"又云："凡人家门庭虽隘陋，而光洁可爱；供具虽粗淡，

而朴素可观。主人之动作厚德，子弟之进趋有礼。案有好书籍，堂有纺织声。夙兴夜寐，不失其常。疏食菜羹，各安其素。目前虽门寒族薄，其兴也可翘足而待。先辈诗云：'人观庭户知勤惰，一出茶汤便见妻。父老奔驰无孝子，要知贤母看儿衣。'盖登人之堂，即知室中之事矣。"

【译文】从未有过家庭和睦却家道不兴旺的，从未有过家庭不和而家道不衰败的。

　　闺门之内，不出戏言，则刑于之化行矣。
　　房幄之中，不闻戏笑，则相敬之风着矣。
【原注】夫妇之间，以狎昵始，未有不以怨怒终者，故闺门之内，离一礼字不得。而夫妇反目，则不以礼节之故也。

【译文】如果在家门之内不说轻薄的话语，那么夫妻关系就会和睦；如果在床榻上听不到嬉笑，那么相敬如宾的家风就会形成。

　　人之于嫡室也，宜防其蔽子之过。
　　人之于继室也，宜防其诬子之过。

【译文】对于正妻，应当防止她庇护子女的过失；对于继室，应当防止她诬陷原配子女的过错。

仆虽能，不可使与内事。

妻虽贤，不可使与外事。

【原注】居家以内外界限谨严为第一。礼云："外言不入于阃，内言不出于阃。"于此见圣贤防微杜渐之意，有闲家之责者，竟以此为门内之人鬼关可也。

先哲云："治家之道，唯在内外严肃各守己分。凡诸妇女，安居家中，修治己事，不许任意出外游行，则家法严而讥嫌永无，况有伤风败俗之事乎哉。至若外来之间杂女流，并宜痛绝。盖此辈善揣人意，专一传播各家新闻，以悦妇女。暗中盗其财物，尚是小事，常有诱为不端魔魅刁拐，种种非一，其害有不可胜言者。"

【译文】奴仆虽然能干，但也不能让他参与家庭内部的事；妻子虽然贤惠，但也不应让她参与家庭外部的事。

奴仆得罪于我者尚可恕，得罪于人者不可恕。

【原注】高忠宪公家训云："人家有体面崖岸之说，大害事。家人惹事，直者置之，曲者治之而已。往往为体面立崖岸，曲护其短，力直其事，此乃自伤体面，自毁崖岸也。长小人之志，生不测之变，多由于此。盖观其仆从之敬肆，即可以知其主之贤否矣。"

先哲云："驭仆如行军，法律要严，情意要洽。"又云："侍仆婢须体恤备至，当推吾爱子女之心以恕之。"又云："仆婢悍恶者，稍觉，即善遣之；为妙，责而不遣，或蓄怒不决，或攻发太骤。未有不及于祸者，慎之。"

子孙得罪于人者尚可恕，得罪于天者不可恕。

【译文】奴仆如果得罪了自己，还可宽恕；但如果得罪了人家，那就决不能宽恕。子孙如果得罪了别人，还可饶恕；但如果伤害了天理，那就决不能轻饶。

奴之不祥，莫大于传主人之谤语。
主之不祥，莫大于行仆婢之谮言。

【原注】家人之衅，多起于仆婢造言，而妇人悦之。妇人附会，而丈夫信之。禁此二害，而家不和睦者鲜矣。

【译文】奴仆最大的恶行，莫过于传播别人指责主人的话语；主人最大的恶行，莫过于听信奴婢诬陷别人的话。

治家严，家乃和；居乡恕，乡乃睦。
治家忌宽，而尤忌严。居家忌奢，而尤忌啬。

【原注】治家原贵用严。此所谓严，乃指刻薄而言。常见有十分精紧，一丝不漏者，每致不测之祸。鄙啬之极，必生奢儿。

【译文】治家严格，家庭就会和睦；居乡宽恕，邻里就会和睦。管理家政切忌过于宽松，但更应禁忌太过严厉；料理家务切忌过于奢侈，但更应禁忌太过吝啬。

无正经人交接，其人必是奸邪。

【原注】所谓正经人者，乃是笃实不欺之君子。非若俗眼所见，为体面人物也。此处不可错认。

无穷亲友往来，其家必然势利。

【原注】家居耐俗汉，亦是无可奈何处。寻常亲故往来，安得皆名门望族，须当接待以礼，勿蹈浮薄之弊。

【译文】没有正派之人愿意与他交往，那这个人定是个奸诈之徒；没有穷困的亲友愿意与之往来，那这个家一定是势利之家。

日光照天，群物皆作；人灵于物，寐而不觉，是谓天起人不起，必为天神所谴。如君上临朝，臣下高卧失误，不免罚责。

夜漏三更，群物皆息；人灵于物，烟酒沉溺。是谓地眠人不眠，必为地祇所诃。如家主欲睡，仆婢喧闹不休，定遭鞭笞。

【原注】夙兴夜寐，常道也。俾昼作夜，反常也。朱柏庐谓黎明即起者，盖谓人生于寅，为一日作事之始。此时起来，最得清明之气，且办事亦绰绰有余。若长此鼾睡，其昏惰可知，而家政之废弛，更不待问矣。

先哲云："观人家之起卧早晚，即可以卜家道之兴衰，历试历验。近见纨绔子弟，沉溺于嗜欲之途，每有日午始兴，鸡鸣始寝者，反天地之性，悖阴阳之宜，不祥莫大于是。有家法者无之也，贤子弟无之也，勤以治生者无之也。

【译文】阳光普照，万物苏醒；人是万物之灵，却仍睡而不醒，这就叫"天起人不起"，这必定会遭受天神的谴责。就像皇上临政早朝时，大臣却因酣睡而致耽误国事，这不免会受处分。三更半夜，万物休息；人是万物之灵，却仍沉溺烟酒，这就叫"地眠人不眠"，这必然会遭受地神的怒斥。就比如主人上床休息，婢奴却仍吵闹不停，这定会遭到鞭打。

楼下不宜供神，

【原注】并忌作书室。

虑楼上之秽亵。

屋后必须开户，

防屋前之火灾。

【译文】神牌不适合供奉在楼下，以防神明受楼上的污秽玷污；房屋后面一定要开一扇门，以防屋前发生火灾而无法逃生。

卷八 从政类

眼前百姓即儿孙，莫谓百姓可欺，且留下儿孙地步。

堂上一官称父母，漫道一官好做，须尽些父母恩情。

【原注】汪龙庄学治臆说云："州县一官，作孽易，造福亦易。余所见所闻牧令多矣。其干阳谴阴祸，亲于其身，累及嗣子者，率皆获上胺民之能吏。其嗣子有罹辟者，或流落所官之地，为农氓乞养。甚为富室司阍，人犹呼某少爷以揶揄之。至遗榇不能归葬者不一，姓名尚在人口，余不忍书也。而其勤政爱民，异于常吏之为者，皆亲见其子之为太史，为御史，为司道。天之报施捷于响应，吾愿居是职者，慎毋忘福孽之见也。惟是造福云者，非曲法求宽之谓也。人之生，直多枉少，直者弱，枉者强。故姑息养奸，则宽一枉而群枉逞凶。能除暴安良，则惩一枉而诸枉敛迹。是即福孽之所由分也。子产宽猛之论，可不熟读深思欤？"

【译文】眼前的百姓便是你的儿孙，不要认为百姓可欺，应当为自己的儿孙留下余地和后路；县衙堂上的官员就是父母官，不要以为官员好当，应该尽到为人父母的责任与恩情。

善体黎庶情，此谓民之父母。

广行阴骘事，以能保我子孙。

【原注】汪龙庄云："将治堂下百姓，当念家中子孙；将治士子，则念子孙有为士子之日；将治白丁，则念子孙有为白丁之日，自然躁释矜平，终归仁恕。不然，喜怒由己，枉滥多矣。"

【译文】善于体察民情的官员，才能称为人民的父母官；为官应暗中多做好事，才能保护自己的儿孙吉祥。

封赠父祖，易得也；无使人唾骂父祖，难得也。恩荫子孙，易得也；无使我毒害子孙，难得也。

【原注】居官而思其难者，则父祖之泽长，子孙之祚远矣。

【译文】凭自己的地位让父辈祖辈受到封赏是容易的，但要不让别人唾骂父辈祖辈却是很难的。凭本人的功勋为子孙积阴德是容易的，但要不使子孙受到毒害却是很难的。

洁己方能不失己，爱民所重在亲民。

【原注】汪龙庄①云："亲民之道，全在体恤民隐，惜民之力，节民之财，遇之以诚，示之以信。不觉官之可畏，而觉官之可感。斯有官民一体之象矣。"

蔡文勤公②云："亲民之官，其要有三，日息讼、薄赋、兴教而已。"

顾亭林③云："今日所以变化人心，荡涤污俗，莫急于勤学奖廉二事。"

【注释】①汪龙庄：指汪辉祖（1730年～1807年），字焕曾，号龙庄，浙江萧山人。清代乾嘉时期的良吏。著有《学治臆说》《佐治药言》等。②蔡文勤公：指蔡世远（1681年～1734年），字闻之，号梁村。清漳浦县人。因世居漳浦梁山，学者称之为"梁山先生"。他是乾隆皇帝的老师，清朝著名学者。③顾亭林：指顾炎武（1613年～1682年）著名思想家、史学家、语言学家，与黄宗羲、王夫之并称为明末清初三大儒。

【译文】能够清廉才能不失自己的名节；爱护百姓重在亲近百姓。

国家立法，不可不严。

有司行法，不可不恕。

【原注】吕新吾云："法至于平，尽矣。君子又加之以恕，平者公也，恕者仁也。彼不平者加之以深，不恕者加之以刻，其伤天地之和多矣。"

陈榕门云："平恕二字，千古立法之极则，亦千古行法之极则。"

汪龙庄云："律设大法，例顺人情。法所不容姑脱者，原不容曲法以长奸。情尚可以从宽者，总不妨原情而略法。准情用法，庶不干造物之和。"

湖州韩某，尝为府中皂隶。时遇一酷吏，每行杖必要三板见血。韩钻杖一孔，藏猪血于中，复以竹片镶好，不使人知。持以行杖，不及三板，而猪血溅出，阴受其福者不少。噫，慈心如此，视彼酷吏，相去殆有人禽之别矣。

近闻湖南某官，每夜饮高兴时，辄将监内罪犯提出醒酒。此真全无人心者，后某官一子，无故大叫追呼不已。未几卒，嗣遂绝。

【译文】国家制定律法，不能不严；官员执行法律，不能不宽。

严以驭役而宽以恤民，极于扬善而勇于去奸，缓于催科而勤于抚字。

【译文】管理衙役要严厉，而对待百姓要宽容；表彰善行要积极，而铲除奸邪要勇猛；催缴租税要缓和，而安抚民众要勤快。

催科不扰，催科中抚字。
刑罚不差，刑罚中教化。
【原注】陈榕门云："洞见致治之大源，可药俗吏之锢弊。"

【译文】催征赋税不能扰民，而要在征税中安抚百姓；执行刑罚不能偏差，而要在刑罚中教化百姓。

刑罚当宽处即宽，黎庶皆上天儿女。
财用可省时便省，丝毫皆下民脂膏。

【译文】刑罚能够宽松的就应当宽松，要知道黎民百姓也都是老天给予的生命；钱财能够节省的就要节省，要知道一丝一毫也都是劳动人民的血汗钱。

居家为妇女们爱怜，朋友必多怒色。

做官为左右人欢喜，百姓定有怨声。

【原注】朱胜之云："吏书贪，吾词不付房；皂隶贪，吾不妄行杖；狱卒贪，吾不轻击囚。至于妇人有犯，更宜矜全，不可轻击，能为轸恤，亦子孙之福也。"

旧家妇女，必不得已而传质者，许用小轿抬至案前答问，不令出轿，被人观看。居官能为妇女养廉耻，莫大阴功。

高忠宪公云："凡勾摄，止差里长，非真正强盗人命巨恶，不可滥差皂隶下乡，以滋诈扰，是造福小民第一义。"

汪待举知处州，为政曲尽下情。民有争讼，呼之使前，面定曲直，不以属吏。百姓以诗颂之曰："官舍却如僧舍静，吏人浑似野人闲。"

【译文】在家中受到妇女们的爱怜，朋友们必定会不满；在官场中只受到同僚的喜欢，百姓们一定会怨声载道。

官不必尊显，期于无负国法。

道不必博施，要在有裨民物。

禄岂须多，防满则退。

年不待暮，有疾便辞。

【译文】为官不必一定要尊贵显达，只要不负国家能够遵纪守法；修道不必广施道义，只要有利于民生事物。为官不需太多俸禄，够养老即应退休；做官不需等到年老，有病就应辞官回家。

天非私富一人，托以众贫者之命。
天非私贵一人，托以众贱者之身。
【原注】有德而富贵者，乘富贵之势以利物；无德而富贵者，乘富贵之势以害人。

【译文】上天不会只让你一人富有，而是将众多贫困者的命运托付于你。上天不会只让你一人高贵，而是将众多的普通百姓的命运托付于你。

在世一日，要做一日好人。
为官一日，要行一日好事。
【原注】做好人性情舒畅，血气和平，梦里清静，有说不尽的妙处。

陈眉公①云："人生一日，或闻一善言，见一善行，行一善事，此日方不虚生。"

熊勉庵②云："积德累功，莫如居官为易。所谓顺风之呼，响应自捷，往往有一事而可当千百善者。"又云："凡职任国家政令者，须详访民害，为生灵请命。则一举笔间，可种永远福田。

一人可以日行万善者，莫捷于居官。"

【注释】①陈眉公：指陈继儒（1558年～1639年），明代文学家、书画家。字仲醇，号眉公、麋公。华亭（今上海金山枫泾泖桥村）人。有《梅花册》《云山卷》等传世。著有《妮古录》《陈眉公全集》。②熊勉庵：指熊弘备，字勉庵，清代著名学者，清江南淮安人。著有《宝善堂不费钱功德例》。

【译文】活着一天，便要做一天好人；做一天官，就要做一天好事。

贫贱人栉风沐雨，万苦千辛，自家血汗，自家消受，天之鉴察犹恕。

富贵人衣税食租，担爵受禄，万民血汗，一人消受，天之督责更严。

【译文】贫苦的人终日在风雨中奔走，为了生活历尽千辛万苦，自己的生活自己负担，因此上天的鉴察比较宽容。为官之人吃租要税，享受国家的俸禄，百姓的血汗供他享用，因此上天的监督更加严厉。

平日诚以治民，而民信之，则凡有事于民，无不应矣。

平日诚以事天，而天信之，则凡有祷于天，无不应矣。

【译文】如果平时诚恳对待百姓，得到百姓的信任，那么只要有事请求百姓出力之时，没有不答应的。如果平常虔诚对待上天，获得上天的信任，那么只要有事祈求于上天帮忙时，没有不应验的。

平民肯种德施惠，便是无位底卿相。
士夫徒贪权希宠，竟成有爵底乞儿。

【原注】高忠宪公云："人生爵位，自是分定，非可营求。只看得义命二字透，落得做个君子。不然，空污秽清净世界，空玷辱清白家门，不如穷檐茅屋，田夫牧子，老死而人不闻者，免得出一番大丑也。"

【译文】平民百姓只要愿意积德施恩，便是没有官位的卿相。为官之人如果贪图权位，便是拥有官位的乞丐。

无功而食，雀鼠是已。
肆害而食，虎狼是已。

【原注】士大夫当图诸座右。

【译文】无功而食禄的人，只是老鼠麻雀般的人；肆意害民而食禄之人，则是凶猛的虎狼。

毋矜清而傲浊。毋慎大而忽小。毋勤始而怠终。

【原注】清、慎、勤是居官本等。

居官尚清固已，惟清而刻，则百姓之生命绝矣。故不独贪财酷刑，方谓之虐，或只知急公而不知抚恤，或疾恶太过而不容自新，皆虐也。古来清吏，子孙类多不振，并至斩后者，正坐此耳。

熊勉庵云："居官以清，士君子分内事。清非难，不见其清为难，不恃其清，而以操陵轹人，为尤难。"

【译文】不要孤芳自赏，不要贪大而放小，不要做事有始无终。

勤能补拙，俭以养廉。

【原注】汪龙庄云："国家澄叙观方，首严墨吏。人即不自爱，未有甘以墨败者。资用既绌，左右效忠之辈，进献利策，多在可以无取可以取之间，意谓伤廉尚小，不妨姑试。利径一开，万难再窒，情移势逼，欲罢不能。或被下人牵鼻，或受上官掣肘，卒之利尽归人，害独归己。败以身徇，不败亦殃及子孙，皆由不节之一念基之。故欲为清白吏，必自节用始。"

【译文】勤劳能够弥补笨拙，节俭可以培养廉洁。

居官廉，人以为百姓受福，予以为锡福于子孙者不浅也。曾见有约己裕民者，后代不昌大耶？

居官浊，人以为百姓受害，予以为贻害于子孙者不浅也。曾见有瘠众肥家者，历世得久长耶？

【原注】今之论居官者，辄曰近世却难为廉，不知公论自在，到底清白持躬，亦自有赏识之者。患在先以流品自限，到头一节，不能尽无染指耳。

颜光衷云："黩货则必酷，彼以为不打，则群情不惊，宝贿不来也。黩货则必横，彼以为不颠倒曲直，则理胜于权，人情有所恃以无恐也。黩货则必护近习，通意旨，彼以为不虎噬成群，则威令不重，不曲庇私人，则过付无托。且短长既为所挟，阴制阳有所屈也。一贪生百酷，一酷吏又生百爪牙。吁！民几何而不穷且盗哉？"

【译文】为官清廉，别人都以为百姓有福了，但我觉得他带给子孙的福泽更多。你可曾见过对自己节约而对百姓宽厚待的官员，他的后代有不昌盛的吗？为官不廉，别人都以为百姓将受害了，但我认为他带给子孙的灾害更大。你可曾见过有压榨百姓而厚待自家的人，他的后代能长久的吗？

以林皋安乐懒散心做官，未有不荒怠者。
以在家治生营产心做官，未有不贪鄙者。

【原注】陈榕门云："居官者之身心，所托命者几何人。一日之内，所待理者几何事，一有安乐懒散之心，是直以官为戏。民生休戚，哪得复到胸中耶？居官者洁己以爱民，毋剥民以益己。若竟当作治生营产，是必日在小民分上较量锱铢。知有己不知有

民，吝于出复奢于入，其始也鄙，其继也必至于贪。"

【译文】以隐居山林安逸享乐的心来做官，政事没有不荒废懈怠的。用为自己家庭经营产业的心来做官，没有不贪婪卑鄙的。

念念用之民生，则为吉士。
念念用之套数，则为俗吏。
念念用之身家，则为贼臣。

【原注】吕新吾云："而今士大夫聚首时，只问我辈奔奔忙忙，熬熬煎煎，是为天下国家，欲济世安民乎？抑为身家妻子，欲位高金多乎？世之治乱，民之死生，国之安危，只于这两个念头定了。嗟夫！若为身价，则吾辈日多，而世益苦。吾辈日贵，而民日穷，世何贵于有吾辈哉？"

魏环溪云："尝见居官者，不问职掌尽否，兴利除害几何，百姓安危何似，辄问何时升转，何日出差，地方好否，宦囊有无，迁移者有谁照管，淹滞者是谁阻抑。凡问及此，即为薄待天下之人。"

不但问者如此立论，即本人亦无不如此设想。官途至此，可为伤心矣。

【译文】念念想的是国家和百姓利益的人，是贤德的人；凡事心里只想着循规蹈矩的人，是庸俗之吏；凡事心里只想着自身利益的人，是奸佞之臣。

古之从仕者养人，今之从仕者养己。

古之居官也，在下民身上做工夫。

今之居官也，在上官眼底做工夫。

【原注】周石藩云："做官要将纱帽看得破。做一日官，办一日事，决不要辜负他。得做便做，不得做便不做，去就绰然，庶无患得患失之虑。若钻刺夤缘，独私垄断，究竟一片热衷，皆成幻境，何苦如此。"

【译文】古代的为官之人，想的是抚恤百姓；现在的为官之人，关心的只是自己。古代的为官之人，常常想的是如何为平民百姓着想；现在的为官之人，常常想的是如何在上司面前表现自己。

在家者不知有官，方能守分。

在官者不知有家，方能尽分。

【译文】在家的人不想着去求官，才能安守本分；在朝为官的人不想着自己的家，才能尽其职责。

君子当官任职，不计难易，而志在济人，故动辄成功。

小人苟禄营私，只任便安，而意在利己，故动多败事。

【原注】所计者是非耳。避害而害未必免，趋利而利未必得，往往如此。

【译文】君子当官任职，不计较事情的难易，其志在于帮助百姓，所以常常能够成功。小人贪图私利，只想着做容易的事，其志在于一己私利，所以往往身败名裂。

职业是当然底，每日做他不尽，莫要认作假。
权势是偶然底，有日还他主者，莫要认作真。
【原注】吕新吾云："世人把天地真实道理，作虚套子干；把世间虚套子却作实事干。吁，所从来久矣。非霹雳手段，哪得变此锢习。"
陈榕门云："此种习气，官场尤甚。"

【译文】职业是当然的，每天做不完，要认真不要以为是假的；权势是偶然的，有朝一日会还给别人，所以不要把权势太当真。

一切人为恶，犹可言也，惟读书人不可为恶。读书人为恶，更无教化之人矣。
一切人犯法，犹可言也，惟做官人不可犯法。做官人犯法，更无禁治之人矣。

【译文】其他的人做恶都情有可原，唯独读书人不能够为恶。如果连读书人也为恶，那就更没有可教化的人了。其他的人犯法都还情有可原，唯独为官之人不能犯法。如果连做官的人也犯法，那就更没有可以执法治世之人了。

士大夫济人利物，宜居其实不宜居其名，居其名则德损。

士大夫忧国为民，当有其心不当有其语，有其语则毁来。

【译文】为官之人救世济人，应该落在实处而不应只图名声，追求名声就会损害德行；为官之人忧国爱民，应该发诸真心而不应只是空谈，满口空谈只会招来诽谤。

以处女之自爱者爱身，
以严父之教子者教士。

【译文】像处女守身一样自爱，像严父教子一样教人。

执法如山，守身如玉。
爱民如子，去蠹如仇。

【原注】锄奸杜恶，要放他一条去路。苟使之一无所容，譬如防川者，若尽绝其流，则堤岸必溃矣。

【译文】执行法令要像高山一样毫不动摇，爱护节操要像美玉一样洁白无瑕，爱护百姓要像对待儿子一样尽心，铲除奸贼要像对待仇敌一样坚决。

陷一无辜，与操刀杀人者何别？

释一大憝，与纵虎伤人者无殊。

【原注】憝，恶也。高忠宪公云："恶人者，良民之蠹贼也。蠹贼去而良民始安。凡讼师地棍之类，访其首恶重治，仍籍之于官，使禁其党类，一有党类，诈害良民者，并其首治之，居官能思害民在何处，思过半矣。"

【译文】陷害一个无辜之人，和拿刀杀人者有什么区别？释放一个大恶之人，与纵虎伤人者没有什么两样。

针芒刺手，茨棘伤足，举体痛楚。刑惨百倍于此，可以喜怒施之乎？

【原注】熊勉庵云："听讼凡觉有一毫怒意，切不可用刑。即稍停片刻，待心平气和，从头再问。未能治人之顽，先当平己之忿。尝见居官者，因怒而严刑以泄忿。嗟嗟，伤彼父母遗体，而泄吾一时忿恨，欲子孙之昌盛，得乎？"

吕新吾云："为上者之用威，所以行理也，非以行势也。理屈而威以劫之，则能使之死，而不能使之服矣。大盗昏夜持利刃而加人之颈，人焉得而不畏哉？伸无理之威以服人，盗之类也。"又云："予尝怒一卒欲重治之，召之久不至，减予怒之半，又久之而后至，诟之而止。因自笑曰：'是怒也，始发而中节耶，中减而中节耶，终止而中节耶。'惟圣人之怒，初发时便恰好，始终只是一个念头不变。"

陈榕门云："前后原非两念，只是初发时，义理不能制血气耳。血气稍平，义理依然中节，人能于怒时，便想到此，自无过当之事。"

虎豹在前，坑阱在后，百般呼号，狱犴何异于此？可使无辜坐之乎？

【原注】生人之苦，牢狱为最，而暑月尤甚。仁人君子，既奉热审矜减之例，仿行未减者清理一番。其重囚仍在系者，务遣狱官扫囹圄，涤枷杻，以广国家爱民之仁。又不时调阅监簿，分别矜释，务使眼前火坑，化作清凉世界。此只在当道者念头动，舌头动，笔头动，一霎时间，德被无疆矣。历观古来制酷刑，及严犴狴者，心灾及其身，并祸延子孙，纪载彰彰矣。

【译文】用针刺扎手或荆棘扎脚，会让人全身疼痛难忍。但酷刑比这要惨烈痛苦百倍，怎么能随人喜怒而随便使用呢？前面有虎豹，后面有陷阱，会让人心惊胆颤大声哭号，这和牢狱的折磨有什么区别？怎么能让无辜者坐牢遭受这种摧残呢？

官虽至尊，决不可以人之生命，佐己之喜怒。
官虽至卑，决不可以己之名节，佐人之喜怒。

【原注】先哲云："居官之难，不在依违二三，而在虚心观察。盖一人坐狱，合户号啼；一罪爰成，妻孥典鬻。其可妄逞喜怒，任己见以从事乎？"

佐贰官受杖头钱，替势要出气，子孙未有不灭绝者。历验不爽。

【译文】官位虽然显贵，但决不能用别人的性命来发泄自己的喜怒情绪；官职虽然卑微，但决不能用自己的名节去迎合别人的喜怒哀乐。

听断之官，成心必不可有。
任事之官，成算必不可无。

【译文】断案的官员，决不能心存成见；办事的官员，决不能心无计划。

无关紧要之票，概不标判，则吏胥无权。
不相交涉之人，概不往来，则关防自密。

【原注】汪龙庄云："居官宜省票差，公役中岂有端人。此辈下乡，势如狼虎，余尝目击而心伤之。是以昔年佐幕，每嘱主人勿轻签差，及身亲为之，尤加审慎。吾愿幕之留神，尤望官之留意也。"

蒲留仙云："居官者不滥受词讼，即是盛德。"

张梦复云："古人美王司徒之德曰'门无杂宾'，此最有味。大约门下奔走之客，有损无益。主人以清正高简安静为美，于彼何利焉？可以啖之以利，可以动之以名，可以怵之以利害，则欣动其主人。主人不可动，则诱其子弟，诱其僮仆。外探无稽之言，以荧惑其视听，内泄机密之语，以夸示其交游。甚且以伪为真，将无作有，以侥幸其语之或验，则从中而取利焉。或居要津之位，或处权势之地，尤当远之益远也。又有挟术技以游者，彼皆借一艺以售其身，渐与仕官相亲密，而遂以乘机遘会，其本念决不在专售其技也。挟术以游者，往往如此。故此辈之朴讷迂钝者，犹当慎其晋接。若狡黠便佞，好生事端；踪迹诡秘者，以不识其人，不知其姓名为善，勿曰'我持正，彼安能惑我？我明察，彼不能蔽我'。恐久之自堕其术中也。"

【译文】无关紧要的文件，不要随便签发，这样那些官员就无权胡作非为；与己工作无关的人，一概不要往来，这样机密自然就能得到保护。

无辜牵累难堪，非紧要，只须两造对质，保全多少身家。

疑案转移甚大，无确据，便当末减从宽，休养几人性命。

【原注】自古仁人治狱，皆以不株连及速结为上。

薄留仙云："每见一词之中，急要不可少者，不过数人，其余皆无辜之赤子。妄被罗织者也，带一名于纸尾，遂成附骨之疽，受万罪于公门，竟属切肤之痛，而究之官问不及，吏诘不至，其实一无所用。只足以倾家破产，饱蠹役之贪囊，鬻子典妻，泄小人之私忿。而吾深愿为官者，每投到时，略一审诘，当留留之，不当留芟之。不过一濡毫一动腕之间，便保全多少身家，培养多少元气。从政者曾不一念及此，又何必桁杨刀锯能杀人哉。"

熊勉庵云："居官行法，不能一概去杀，独不曰留意开释，常存生意乎？一在疑似勿杀；二在株连勿杀；三在贿托勿杀；四在为人胁从勿杀；五在已经降顺勿杀。"又云："刑罪之设，原非得已。有可生之路，而不为之急白，是亦杀也。居官诘狱，岂可拘守前案，奉承上司，而见死不救哉？"

杀人以媚人意，不过谓雷霆之下，恐有不测，惧以身为之继耳。然徐有功、狄梁公，俱以辩冤护罪，濒危不死。而希旨罗织者，往往以及其身。死生有命，安可中立祈免？即不幸以救人死，与死于杀人之报，孰得孰失，从政者当知自处矣。

欧阳观为推官，留心谳狱。尝夜阅文书，屡废而叹。妻问之，曰："此死狱也，我求其生不得。"其妻曰："生可求乎？"曰："求其生而不得，则死者与我两无憾也。矧求其生而有得耶？"其子修，文章名世，位至宰相。

【译文】牵连无辜之人，总是让人难堪，所以如果不是重大案件，只要让当事双方对质就行了，这样可保全许多人的名誉。复杂疑难的案件，一般牵涉过大，所以没有足够的证据，就应该从宽发落，这样可尽量多保全几人的性命。

呆子之患，深于浪子，以其终无转智。

昏官之害，甚于贪官，以其狼藉及人。

【原注】滥准、株连、差拘、监禁、保押、淹留、解审、照提，此八者，狱情之大忌也，仁人之所隐痛也。居官者慎之。

【译文】痴呆之人给社会造成的祸患比浪子更大，因为他毕竟无法变聪明；昏庸之吏给人们带来的危害比贪官更大，因为他会伤及大量无辜之人。

官肯着意一分，民受十分之惠。

上能吃苦一点，民沾万点之恩。

【原注】汪龙庄云："居官者怠之祸人，甚于贪酷。贪酷有迹，着在人口。阘冗之害，万难指数。受者痛切肌肤，见者不关痛痒，闻者或且代为之解曰'官事殷忙，势不暇及'。官遂习为故常，而不知孽之所积，神实鉴之。夫民以力资生，荒其一日之力，即窘其一日之生。余居乡时，见人赴城投状，率皆两日往还。已而候批，已而差传，倩亲觅友，料理差房，营营奔走，动辄经旬。至于示审有期，又必邀同邻证。先期入城，并有亲友之关切者，偕行观看。及至临期示改，或狡者有所牵引，谕俟覆讯，则期无一定，或三五日，或一二十日，差不容离，民须守候。工商旷业，农佃雇佣，差房之应酬，城寓之食用，无一可

省。迨事结，而两造力已不支，辗转匮乏，甚有羁系公所，饥寒疾病，因而致死者。呜呼！官若肯勤，何至于是。其负屈不审，抑郁毙命者，无论已。更有事遭横逆，不得已告官，候之久而批发，又候之久而传审，中间数日。横逆之徒，复从而肆扰，皆怠者滋之害也。故莫善于受牒时诘讯，虚即发还。其准理者，越夕批发，克期讯结。官止早费数刻心，省差房多方需索，养两造无限精神。此居官第一阴德事也。"

【译文】为官之人只要多关注百姓一分，百姓便会得到十分的好处；为官之人只要能多吃一点苦，百姓便会享受到万分的恩惠。

礼繁则难行，卒成废阁之书。
法繁则易犯，更甚灭裂之祸。

【译文】如果礼节过于繁杂而难以遵行，那么最终只会束之高阁。如果法律过于庞杂而容易触犯，那么其危害就会大于死罪。

善启迪人心者，当因其所明而渐通之，毋强开其所闭。
善移易风俗者，当因其所易而渐反之，毋强矫其所难。

【原注】居官以化导为事，更宜知此。
吕新吾云："十分见识人，与九分者说，便不能了悟，况智

愚相去远甚乎！所贵有识而居人上者，正以其能就无识之人，因其微长而善用之也。不但得体，亦可集事。"

【译文】善于教导百姓的人，应当用渐进的方法从他知道的地方因势利导，而不能强迫他接受他不知道的东西。善于教化风俗的人，应当从容易的地方慢慢引导，而不能用强制的手段去改变难以改变的习俗。

非甚不便于民，且莫妄更；非大有益于民，则莫轻举。

【原注】居官者须视俗以施教，察失而立防，是当今政教之极则也。

【译文】不是非常不利于百姓的东西，不要随便乱改。不是对百姓特别有益的事情，不要随便去做。

情有可通，旧有者不必过裁抑，免生寡恩之怨。
事在得已，旧无者不必妄增设，免开多事之门。

【原注】若理当革，时当与，合于事势人情，则非所拘矣。

【译文】事情可以通融变化的，对原来存在的方式不要过于抑制，以免使百姓生出你不讲情面的怨恨。事情不到万不得已，不要随便去做前所未有之事，以免为百姓增加不必要的麻烦。

为前人者，无干誉矫情，立一切不可常之法，以难后人。

为后人者，无矜能露迹，为一朝即改革之政，以暴前人。

【原注】此不惟不近人情，政体自不宜尔。若恶政弊规，不妨改图，只是浑厚，便好。

【译文】作为先人，不要为了自己的名声而造作，指定一些不合常理的法律，让后人为难。作为后人，不要骄傲并显摆自己的才能，实施一些短时间便要改革的政令，以暴露先人的不足。

事在当因，不为后人开无故之端。

事在当革，毋使后人长不救之祸。

【原注】吕新吾云："新法非十有益于前，百无虑于后，不可立也。旧法非于事万无益，于理大有害，不可更也。要在文者实之，偏者救之，缺者补之，流者反之，怠废者申明而振作之，此治体调停之中策，百世可循者也。"又云："一法立而一弊生，诚是。然因弊生而不立法，未见其为是也。夫立法以禁弊，犹为防以止水也。堤薄土疏，而乘隙溃决，诚有之矣。未有因决而废防者。无弊之法，虽尧舜不能。生弊之法，亦立法者之拙也。故圣人不苟立法，不惩小弊而废良法，不因一时之弊而废可久之法。"又云："君子办大事，十利而无一害，其举之也必矣；不

得已而权其分数之多寡，利七而害三，则吾全其利而防其害；又较其事之重轻，亦有九害而一利者为之，所利重而所害轻也，所利急而所害缓也，所利难而所害可救也，所利久长而所害一时也。此难为浅见薄识者道。"

陈榕门云："就利害中权其多寡重轻缓急久暂，此为政至当不易之权衡度量也。"

【译文】应当沿袭的规矩，不要改变，以免为后人开启无故的事端。应当改变的陋习，不要沿袭，以免给后人带来难以弥补的祸害。

利在一身勿谋也，利在天下者谋之。

利在一时勿谋也，利在万世者谋之。

【原注】吕新吾云："法有九利，不能必其无一害。法有始利，不能必其不终弊。无知之口，乃执一害终弊之说，而讪笑之。不曰天下本无事，安常袭故何妨，则曰事势本难为，好动喜事何苦。至大坏极敝，瓦解土崩，而后付之天命焉。呜呼！国家养士何为哉？士君子委质何为哉？儒者以宇宙为分内事何为哉？"

【译文】只对自身有利的事不要做，对天下人都有利的事才去谋划；眼前一时的利益不要去取，谋取的应当是万世的利益。

莫为婴儿之态，而有大人之器。

莫为一身之谋，而有天下之志。

莫为终身之计，而有后世之虑。

【原注】总是为天下，不为一身。计久远，不计目前，可为居官者法。

【译文】不要做小孩一样的姿态，要有成年人的气量；不要只为自己谋利益，要有替天下人谋福的志向；不是只为自己一生谋划，而要为子孙后代的利益考虑。

用三代以前见识，而不失之迂。

就三代以后家数，而不邻于俗。

【原注】陈榕门云："学古易迂，随时易俗。不迂不俗，自有一番援古证今，变通宜民的道理。"

【译文】用夏商周三代以前的经验，但不能过于迂腐；用夏商周三代以后的办法，但不能落入俗套。

大智兴邦，不过集众思。

大愚误国，只为好自用。

【译文】大智慧能够振兴国家，不过是集思广益的结果。愚蠢会使国家遭祸，只因为喜欢刚愎自用。

吾爵益高，吾志益下；吾官益大，吾心益小；吾禄益厚，吾施益博。

【译文】官位越高，志气应当越低；官位越大，欲念应当越少；俸禄越多，施舍应当越广。

安民者何？无求于民，则民安矣。
察吏者何？无求于吏，则吏察矣。

【译文】如何使百姓安乐？不向百姓索拿财物，那么百姓就会安乐了。如何监察官吏？不对官吏要求太多，那么他们就可以清明了。

不可假公法以报私仇，不可假公法以报私德。

【译文】不能假借国家法律来报私仇，不可假借国家法律来报私恩。

天德只是个无我，王道只是个爱人。
【原注】陈榕门云："体用一源的道理，说得如画沙印泥。"

【译文】公德在于心中无我，王道在于爱护民众。

惟有主，则天地万物自我而立。必无私，斯上下四旁咸得其平。

【译文】只要有主见，则万事万物都能成为自己的助力；只要没有私心，那么周围一切都能得到平静。

治道之要在知人，君德之要在体仁，御臣之要在推诚，用人之要在择言，理财之要在经制，足用之要在薄敛，除寇之要在安民。

【译文】治国之道，关键在知人善任；君王的德行，关键在体恤仁爱；管理臣民，关键在推诚置腹；用人之术，关键在善于纳言；管理财物，关键在经济制度；丰衣足食，关键在减轻赋税；消除盗匪，关键在使民安乐。

未用兵时，全要虚心用人；既用兵时，全要实心活人。

【译文】和平时期，一定要全意虚心延纳贤才；战争时期，一定要真心爱惜生命少杀戮。

天不可一日无君，故夷齐非汤武明臣道也，不然则乱臣接踵而难为君。天下不可一日无民，故孔孟是汤武明君道也，不然则暴君接踵而难为民。

【译文】国家不能一天没有君主，所以伯夷、叔齐指责成汤、周武，以此来阐明为臣之道；否则，乱臣贼子将接踵而来，君主难为。天下不能一天没有人民，所以孔子、孟子肯定成汤、周武，以此来阐明为君之道；否则，暴君昏主接连继位，百姓难存。

庙堂之上，以养正气为先；海宇之内，以养元气为本。

【原注】能使贤人君子，无郁心之言，则正气伸矣。能使群黎百姓，无腹诽之语，则元气固矣。此万世帝王保天下之要道也。

陈榕门云："就人才上论，则为正气；就百姓上论，则为元气。庙堂之正气不失，则海宇之元气自固。圣人养贤以及万民，其理如此。"

【译文】在朝廷中，要以倡导正气为重；在国土上，须以养护万民为本。

政令之所重者，人才；国家之所重者，元气。

【译文】政令的实施，倚重的是人才；国家的兴盛，重要的是培植元气。

卷九　惠吉类

圣人敛福，君子考祥。作德日休，为善最乐。

【译文】圣贤之人，应当时刻培养自己的福德；谦谦君子，应当时刻检点自己的行为。修养德行，让人每天坦荡欣悦；行善助人，让人心情最为快乐。

开卷有益，作善降祥。

【译文】读书使人受益，行善让人吉祥。

崇德效山，藏器学海。群居守口，独坐防心。

【译文】尊崇德行，要像大山一样高大；隐蕴才华，要像大海那样深沉。和众人相处，要守口如瓶；独自闲坐时，要防胡思乱想。

知足常乐，能忍自安。

【译文】知足的人常常无忧；能忍的人自然安乐。

穷达有命，吉凶由人。

【译文】人生是穷困还是显达，全凭天命安排；命运是吉祥还是凶恶，皆由自身决定。

以镜自照见形容，以心自照见吉凶。

【原注】陆文安公①论洪范五福云："实论五福，但当论人一心。若其心邪，其事恶，纵使目前富贵，自正人观之，无异在囹圄粪秽中也。何福之有？其心正，其事善，虽在贫贱患难中，心自亨通，自正人观之，即是福德。作善降之百祥，作不善降之百殃。积善之家，必有余庆；积不善之家，必有余殃。但自考其心，则知福祥殃咎之至，如影随形，如响应声，必然之理也。"

【注释】①陆文安公：指陆九渊(1139年~1193年)南宋金溪县人，号象山，字子静，书斋名"存"，世人称存斋先生，因其曾在贵溪龙虎山建茅舍聚徒讲学，因其山形如象，自号象山翁，世称象山先生、陆象山。著名的理学家和教育家，与朱熹齐名，史称"朱陆"，是宋明两代"心学"的开山祖。

【译文】用镜子自照可以看见自己的仪容，用心灵自照可以预知自己的吉凶祸福。

善为至宝，一生用之不尽。
心作良田，百世耕之有余。
世事让三分，天空地阔。
心田培一点，子种孙收。

【译文】把善良作为人生至宝，一辈子将受用不尽；把心地当作良田耕耘，子孙后世代代受益。凡事能退让三分，则会天宽地广；在心中多存一点善念，则子孙代代得益。

要好儿孙，须方寸中放宽一步。
欲成家业，宜凡事上吃亏三分。

【译文】想要造福儿孙，须行事宽宏大量；想要成家立业，应该事事谦让。

留福与儿孙，岂必尽黄金白镪。
积德为产业，由来皆美宅良田。

【译文】造就福泽留给儿孙，不一定要全部是黄金白银；把积德行善当作产业，历来会有美宅良田。

存一点天理心，不必责效于后，子孙赖之。
说几句阴骘语，纵未尽施于人，鬼神鉴之。

【译文】心存一点天理良心，不必要求子孙后代学习，他们自会因此获福。说几句积阴德的话，即使没有完全施惠于人，上天自会知道。

非读书不能入圣贤之域，
非积德不能生聪慧之儿。

【译文】不读书便不能达到圣贤的境地，不积德便不能生育聪明的儿女。

多积阴德，诸福自至，是取决于天。尽力农事，加倍收成，是取决于地。善教子孙，后嗣昌大，是取决于人。

【译文】多做积德的事，福气自然会来，这是上天决定的；努力耕种，将会加倍收获，这是土地决定的；好好教导子孙，后代自会兴盛，这是由人决定的。

事事培元气，其人必寿。念念存本心，其后必昌。
【原注】儿孙心上影，天道眼前灯。

【译文】处处注意培养元气，这样的人必定能长寿；念念从本心出发，这样的人后代必定昌盛。

勿为一念可欺也，须知有天地鬼神之鉴察。勿谓一言可轻也，须知有前后左右之窃听。勿谓一事可忽也，须知有身家性命之关系。勿谓一事可逞也，须知有子孙祸福之报应。

【译文】不要有一点欺人的念头，要知道天地鬼神能明察一切。不要随便说一句话，要知道隔墙有耳。不要疏忽一件小事，要知道这可能关系一家人的性命。不要逞一时之快，要知道子孙会有报应。

人心一念之邪，而鬼在其中焉。因而欺侮之，播弄之，昼见于形象，夜见于梦魂，必酿其祸而后已。故邪心即是鬼，鬼与鬼相应，又何怪乎？

人心一念之正，而神在其中焉。因而鉴察之，呵护之，上至于父母，下至于儿孙，必致其福而后已。故正心即是神，神与神相亲，又何疑焉？

【原注】魏恭简公①云："人心之灵，他人有善有不善，皆能知之。天道至灵，逼塞处都是鬼神，昭布森列。思虑未起，鬼神未知。方寸起思虑，鬼神早知了。信乎神不可欺。"

【注释】①魏恭简公：指魏校（1483年~1543年），本姓李，字子才，号庄渠，江苏昆山人，归有光之师。弘治十八年（1505年）进士，担任南京刑部主事，后来升任为郎中。为免刘瑾逼害，转为兵部郎，不久就因病返回。嘉靖元年，担任太常寺卿。曾著作《周礼沿革传》《春秋经世》《庄渠遗书》。

【译文】人心中只要有一丝邪念，心中便会有鬼怪产生。于是鬼就会欺负和捉弄他，让他白天精神恍惚，晚上做梦也仿佛见鬼，必定要等到祸事发生后才会停止。所以，邪恶的心便是鬼，鬼和鬼相呼应又有什么感到奇怪的呢？人心中要有刚正的念头，心中就会有神产生。因而神便会体察和保护他，上到父母下到子孙，必定能受神的赐福。所以，心中刚正就是神，神与神亲近又有什么值得怀疑的呢？

> 终日说善言，不如做了一件。
> 终日行善事，须防错了一桩。
> 物力艰难，要知吃饭穿衣，谈何容易。
> 光阴迅速，即使读书行善，能有几时。

【译文】整天说好话，不如做一件好事；整天做好事，得防止做错一件。物力艰难，要知道吃饭、穿衣不是容易的事；时光飞逝，就是读书、行善，又能做多少呢？

> 只字必惜，贵之根也。粒米必珍，富之源也。片言必谨，福之基也。微命必护，寿之本也。

【译文】爱惜纸张，是显贵的根本；珍惜粮食，是富裕的根源；说话小心，是福祉的基础；爱护小生命，是长寿的本源。

> 作贱五谷，非有奇祸，必有奇穷。
> 爱惜只字，不但显荣，亦当延寿。

【译文】浪费粮食，即使没有奇祸，也会变得极穷。爱惜纸张，不但能显达荣贵，也能益寿延年。

茹素虽佛氏教也，好生非上天意乎？

【原注】汪疑夫云："持斋戒杀，极是好事。惜不能尽人为之，顾口腹有必当严戒者，孽报惟食牛最重，感应记言之凿凿。余在湖南，闻丙子科乡试，有士子杨某，素号能文，头场誊真毕，于卷面书'平生未损阴骘，但于牛肉未能严戒'十四字，因此被贴。又闻人好食牛肉，于卧病时，有作牛鸣而死者。故食牛所当首戒，至食犬并宜严戒也。虾蟆为稼食虫，以及鳗鳝龟鳖螺蚌之属，可不食者，可即戒食。余则当如孟子所云"见其生不忍见其死，闻其声不忍食其肉"，更守无故不杀之戒。多留一物躯命，即多培一日善根。举斯心加诸彼，由爱物之心推之，福德何量。"

梁敬叔云："吴门董个亭封翁，尝以歉岁。见农夫无力卒岁，以耕牛售诸屠肆，乃倡义邀绅士集赀，十城外辟一园，如所售之价，买牛而牧之。春作时，听本人取赎，每岁活牛无算。道光癸卯，吴中大水荐饥，吾乡林少穆先生，适为廉访，亦以冬买牛，春听赎。次年农事借以补苴，遐迩颂之。其法盖仿自董氏云。此法甚善，遇歉岁时，有心人能担此善举者，其功德真不可思议也。"

高忠宪公家训云："少杀生命，最可养心，最可惜福。一般皮肉，一般痛苦。物但口不能言耳，不知其刀俎之间，何等苦恼。我却以日用口腹，人事应酬，绝不为彼思量，岂复有仁心

乎？供客勿多肴品，兼用素菜，切切为生命算计，稍可省者便省
之。省杀一命，于吾心有无限安处。积此仁心慈念，自有无限妙
处。此为善中一大功课也。"

陈几亭①家训云："凡疾病祈祷，勿杀生。尝见莲池大师戒
杀文中有此条，悲惨恳恻，悚动狂迷，深助儒理。凡信祈祷者，
大抵皆愚夫愚妇，彼等心怖罪愆，妄企解免，不知杀生乃佛家首
戒。何独人于禳灾之期，反不依而故犯？生死有命，不足与言。
就其所明，引而禁之，亦虑止矣。世人每逢生辰或逢生子，多有
宰杀生灵，酣歌称庆者，深堪怪叹。姑无论以有用之财，花销于
无益之地，而庆我命生，致物命死，于心安乎？于理当乎？"

【注释】①陈几亭：指陈龙正（？~1634年），初名龙致，字惕龙，号几
亭，嘉善人。师事高攀龙，精研理学，旁通经济。明崇祯七年（1634年）进士
及第，崇祯十年（1637年）授中书舍人。清军陷落南京时，龙正身已有疾，南
明弘光元年（1645年）六月绝药而卒。龙正为人忠爱至诚，操履冰洁，厚施乐
赈，学者称其为几亭先生，门人私谥其"文法"。

【译文】吃素虽然是佛教倡导的，但爱惜生命难道不是上天的
旨意吗？

仁厚刻薄，是修短关。谦抑骄满，是祸福关。
勤俭奢惰，是贫富关。保啬纵欲，是人鬼关。

【译文】仁厚或刻薄，关系到人的德行深浅。谦虚或骄傲，关
系到人的福祸吉凶。勤俭或奢惰，关系到人的贫富贵贱。养生或纵

欲，关系到人的生死性命。

造物所忌，曰刻曰巧。万类相感，以诚以忠。做人无成心，便带福气。做事有结果，亦是寿征。

【译文】上天所忌讳的，是刻薄取巧；万物相互感应，只有真诚与忠信才能做到。做人没有成见，便会带来福气；做事有始有终，也是长寿的征象。

执拗者福轻，而圆通之人，其福必厚。
急躁者寿夭，而宽宏之士，其寿必长。

【译文】固执的人福缘少，而处事圆融通达的人，福分必定深厚；急躁的人寿命短，而宽宏大度的人，寿命必定幽长。

谦卦六爻皆吉，恕字终身可行。

【译文】谦卦的六爻都吉祥的，"恕"字终身可用。

作本色人，说根心话，干近情事。

【译文】做真正的自己，说真心话，干合乎情理的事。

一点慈爱，不但是积德种子，亦是积福根苗。试看哪有不慈爱底圣贤。一念容忍，不但是无量德器，亦是无量福田。试看那有不容忍底君子。

【译文】一点点的慈爱之心，不但是积累仁德的种子，也是积累福气的根苗，看看哪有不慈爱的圣贤？一个容忍的念头，不但是无量的德行气度，也是无尽的福泽，看看哪有不宽宏大度的君子？

好恶之良，萌于夜气，息之于静也。恻隐之心，发于乍见，感之于动也。

【原注】汤潜庵①临终时戒子曰："孟子言乍见孺子入井，皆有怵惕恻隐之心。汝等当养此真心，真心时时发见，则可上与天通。若但依成规，袭外貌，终为乡愿，无益也。"

许多功德，都从这点真心推暨出来。先生得力在此，宜其临终犹谆谆也。

【注释】①汤潜庵：即清代八大文正公之首的汤斌，睢州人，顺治九年中进士及第，康熙时任江苏巡抚，一生政绩卓著，为官清廉，颇受百姓拥戴。

【译文】人的良知善念，萌生于夜晚的静思，而隐息于安静；怜悯之心，萌发于看见的那一瞬，而感动于行动。

装塑佛像，则幽显蒙益。印造经文，则法道流通。

【原注】佛乃三界大师，四生慈父；经是人天眼目，苦海舟

航。既在生死之中，何可离此怙怙怙？须知佛法大无不包，细无不举。凡十方世界之大，身心性命之微，三世因果之理，六道轮回之事，以及反妄归真，了生脱死，彻证自心，圆成佛道之法、经论备载。若指诸掌，即世间修齐治平。孝悌友恭，伦常日用之道，亦复无法不备，毫善弗遗。以故古今圣帝明王、贤臣哲士，莫不崇奉流通，以期自利利人于无既也。即有一二拘墟者，以凡夫知见，妄生辟驳，初则词意勇锐，亿其即能灭绝；继则词理俱屈，每多身自归依。譬如杲日当空，双手欲遮，适彰其佛法光明之广大，自己知见之浅陋耳。吾本儒者，曾沾法润，亦企同伦。咸沐佛恩，略述梗概，以馈当世。若能悉心研究，自知吾言不谬也。

【译文】装点塑造佛像，那么幽冥众生和现前大众都可受益；制作刊印经文，那么圣贤大道便会得到流通。

费千金而结纳势豪，孰若倾半瓢之粟，以济饥饿。构千楹而招徕宾客，何如葺数椽之屋，以庇孤寒。

悯济人穷，虽分文升合，亦是福田。乐与人善，即只字片言，皆为良药。

【原注】古语云："世间第一好事，莫如救难怜贫。人若不遭横祸，施舍费得几文。"人诚能约己济人，色色为贫人算计，存些赢余，以救急难，去无用可成大用，积小惠可成大德。乃富人惜财如惜血，目击困苦颠连，而睽睽相视，毫不动心，以为生财之道宜如此，不知财生而心先死矣。心既死，财其能长生乎？至

如小本贫民，肩挑贸易，受尽苦辛，觅得几文微利，为一家性命所系，其遇可矜，其情可悯，我却要在他身上讨便宜。甚或用重秤，使小钱，犹自以为得计，不知穷人资此以养生，多不过数文钱耳。在我视之颇轻，而彼之含怨最重。只此小节，而其人之生平可见矣。况折其一日之本，即窘其数日之生，所省甚微，所损实大。吾辈戒之。

【译文】与其耗费千两黄金去结交权贵，还不如用半瓢小米去救济穷人；与其建造华丽大厦去招待贵客，倒不如盖几间茅屋以便孤寒之人安身。怜悯救济穷人，虽然只是一文钱或一升米，但这也是福田；乐于助人为善，即便只是一个字或一句话，也都是治病的良药。

谋占田园，决生败子。

【原注】弃产得产，苦乐不同。置产者宜曲为体谅，以为子孙永远之计。若以产业为冤业，非但为子孙作马牛，真为子孙作蛇蝎耳。先辈诗云："一派青山景色幽，前人田土后人收。后人收得休欢喜，还有收人在后头。"

尊崇师傅，定产贤郎。

【译文】一心谋划侵占别人田园的人，必定会生出败家之子；尊重恭敬老师的人，定能生出贤德的后代。

平居寡欲养身，临大节则达生委命。治家量入为出，
干好事则仗义轻财。

【原注】王阳明云："世人把身命看得太重，不问当死不当
死，定要委曲保全，以此把天理都丢去了。若违了天理，便与禽
兽无异。就是偷生在世千百年，不过做了千百年禽兽。学者于此
等处，最要看得明白。"

燕山窦公，治家惟尚俭素，每量岁之所入，除伏腊供给外，
余皆济人。梦祖父谓之曰："汝本无子，且不寿。数年来阴功浩
大，已名挂天曹，增寿三纪，五子俱荣。"后五子登第，俱显
贵。公为左谏议大夫，年八十有二，沐浴别亲友，视死如归，谈
笑而逝，八孙皆贵。范文正公，深信天道，丝毫不疑。详记其事
于策，以示子孙。

【译文】平时清心寡欲，修养身心，遇到大是大非之时便能坦
然面对；治家节俭，量入为出，遇到有好事之时便能仗义轻财。

善用力者就力，善用势者就势，善用智者就智，善用
财者就财。

【原注】陈榕门云："人生最难得者，力也势也智也财也。
此四者用之于正，何善之不可为。用之于邪，何恶之不可作。总
要在人善用耳。四就字，有不肯错用此四者，不肯轻置此四者之
意。然人尝有云：'我非不欲为善，只是无势力财智。'愚谓是
亦在人耳。有势力者，以势力行善；有财智者，以财智行善。固

已，即无势力财智而以公正之论，行规劝之道，未尝非善。甚至人微言轻，规劝亦不足取信，不妨存一点是是非非之公心，毋嫉善而暴恶，毋幸灾而乐祸，毋口是而心非，毋欺愚而饰智，是亦善也。孟子曰'乃若其情。则可以为善矣'，此之谓也。"

【译文】善于用力的人就要发挥力的作用；善于用势的人就要用势造势；善于用智的人就要用智行事；善于用财的人就要发挥财的作用。

身世多险途，急须寻求安宅。光阴同过客，切莫汩没主翁。

【原注】刘勰①云："人之有心，如树之有根，果之有核也。根拔而树朽，核蛀而果坏。此一定之理，岂人心既丧，而反独无所害乎？"

吕新吾云："属纩之时，般般物皆带不得。惟是带得此心，却教坏了。是空身归去矣，可为万古一恨。"

陈榕门云："心者何？理也。存顺没宁，无非争这些子。"

【注释】①刘勰（约465年~520年），字彦和，生活于南北朝时期的南朝梁代，中国历史上的文学理论家、文学批评家。刘勰虽任多种官职，但其名不以官显，却以文彰，一部《文心雕龙》奠定了他在中国文学史上和文学批评史上的地位。

【译文】人生在世路途险恶，急须寻觅安身立命之所；光阴如同匆匆过客，不要埋没了此生。

莫忘祖父积阴功，须知文字无权，全凭阴骘。最怕生平坏心术，毕竟主司有眼，如见心田。

【原注】若要文章惊世眼，全凭阴骘合天心。

汪龙庄云："余三十九岁领乡荐，谒本房师曾公，言八月十六日漏下二十刻，余卷已阅，讫置几右。睫甫交，忽有瓦坠于几，斜压余卷，厚不盈一指，而苔痕斑驳。急取卷覆校，藏于箧，方就寝。又闻几上有声，则余卷出箧陈几，而瓦失所在。次早呈荐，两座主深为击节，已定元十日，陆耳山师欲传衣钵，改置第三。问余有何阴骘，得至此祥。余曰：'当是先人荫耳，嗣晤榜首许春岩。'遂同谒两主考，俱述飞瓦事，交相诧异。内帘深夜，户牖皆闭，瓦之去来，真不可解。传其事者，咸谓吾母苦节之报云。"又云："余十八岁，初应乡试，有同号生，呼求换卷。提调监驿道赵公，见其卷前后各书一好字，如杯大。问之，生曰：'某卷完熟睡，梦人仲手入帘曰："汝今科必中。"令于手心手背，各书一好字，不料俱在卷上也。'赵公曰：'好字，于文为女子。汝自问平日有罪过否？'生再三哀吁，貌若甚恐。场中有鬼神，可不惧欤。"

【译文】千万不要忘记了祖先积下的阴德，要知道考试时文字是没有力量的，全靠祖先积的阴德保佑；人的一生最怕心术不正，但毕竟主考官的眼睛是明亮的，能看透人的内心。

天下第一种可敬人，忠臣孝子。

天下第一种可怜人，寡妇孤儿。

孝子百世之宗，仁人天下之命。

【译文】天下最可敬的人是忠臣孝子，最可怜的人应该是寡妇孤儿。孝子可为百代效法，仁人是天下的命脉所在。

形若正，不求影之直而影自直。

声若平，不求响之和而响自和。

德若崇，不求名之远而名自远。

【译文】形体如果端正，即便不求影子正直而影子也自会正直。声音如果平和，即便不求得到响应而附和之声也自会和谐。道德如果崇高，即便不求声名远播而其声名也自会显扬。

有阴德者，必有阳报。有隐行者，必有显名。

【译文】积有阴德的人，必定会有明显的回报；暗中做好事的人，必定会有好的名声。

施必有报者，天地之定理，仁人述之以劝人。施不望报者，圣贤之盛心，君子存之以济世。

【原注】先哲云："天道福善祸淫，理固不爽。然善者获福，

吾非为福而修善；淫者获祸，吾非为祸而改淫。虽善获祸而淫获
福，吾宁善而处祸，不肯淫而要福，君子但尽吾性分之所当为者
而已，不言祸福利害。其言祸福利害者，为世教发也。"

【译文】做什么事便有什么报应，这是天地间不变的道理，有仁
德的人以此劝人。施舍不求回报的人，有圣贤的心胸，君子用这种
心胸来济世。

面前的理路要放得宽，使人无不平之叹。
身后的惠泽要流得远，令人有不匮之思。
【原注】熊勉庵云："做官想到去之日，做人想到死之日，便
当留一二好事与人间。"
纵不能留好事，决不当再留不好事也。

【译文】做事之时面前的道理要理得宽广，使别人不会感叹不
公平；留给后人的恩泽要长远，让人能感怀不尽的思念。

不可不存时时可死之心，不可不行步步求生之事。作
恶事须防鬼神知，干好事莫怕旁人笑。
【原注】存时时可死心，则身轻而道念自生。行步步求生事，
则性善而孽缘不染。善心真切，则不怕人笑矣。

【译文】不能没有随时会死的心理准备，不能不时刻想着求生

之道。做坏事时要提醒自己鬼神什么都知道，做好事时要不怕旁人笑话。

吾本薄福人，宜行惜福事。

吾本薄德人，宜行积德事。

薄福者必刻薄，刻薄则福愈薄矣。

厚福者必宽厚，宽厚则福益厚矣。

【原注】张扬园云："土薄则易崩，器薄则易坏。酒醴厚则能久藏，布帛厚则堪久服。存心厚薄，固寿夭祸福之所由分也，人其自察于用心之际哉。"

【译文】我是福薄的人，所以要多做惜福的事；我是德行不够的人，所以应当多做积德的事。福德薄的人必定刻薄，愈刻薄则福气愈少。福德厚的人必定宽厚，越宽厚则福德越多。

有工夫读书，谓之福。有力量济人，谓之福。有明道济世著述，谓之福。有聪明浑厚资质，谓之福。无是非到耳，谓之福。无疾病缠身，谓之福。无尘俗撄心，谓之福。无兵凶荒歉之岁，谓之福。

【译文】有时间读书，是福气；有力量助人，是福气；有阐明圣贤大道利益世人的著作发行，是福气；有聪明纯朴的资质，是福气；没有是非的话传到耳边，是福气；没有疾病折磨，是福气；没有世俗烦心的事,是福气;没有荒年兵争,是福气。

从热闹场中出几句清冷言语,便扫除无限杀机。向寒微路上用一点赤热心肠,自培植许多生意。

【译文】在热闹的场合中说几句冷静的话,便能化解许多矛盾。对贫困聊倒的人多一点热心肠,便能栽培许多生机。

入瑶树琼林中皆宝,有谦德仁心者为祥。

【译文】进入宝山之中,一切都是宝;有谦虚的美德、仁慈的善心,一生都会吉祥。

谈经济外, 当谈道义, 可以化人。
谈心性外, 当谈因果, 可以劝善。

【译文】除谈经济外,应当谈谈道义,这可以教化人;除谈心性外,应当谈谈因果,这可劝人为善。

藏书可以邀友, 积德可以邀天。

【译文】收藏图书可以引来朋友,积累德行可以感召上天。

作德日休，是谓福地。

居易俟命，是谓洞天。

【译文】天天修身养德，这是有福的境界；顺其自然以安命，这是洞察上天的妙境。

心地上无波涛，随在皆风恬浪静。

性天中有化育，触处见鱼跃鸢飞。

【译文】如果心中平静无波，则随便到哪都会风平浪静；如果天性得到教化，则随处可见鱼跃鸢飞的美景。

贫贱忧戚，是我分内事。当动心忍性，静以俟之，更行一切善以斡转之。

富贵福泽，是我分外事。当保泰持盈，慎以守之，更造一切福以凝承之。

【原注】若不乘此时造福，更要使性气，纵喜怒，有些子事，便不耐烦，非但自寻苦恼，不旋踵而一败涂地矣。

【译文】贫贱忧虑是我自己的事，应当要有忍耐之心，静静等待时机到来，更应尽可能做一切善事来改变这一切；富贵福气是我自己的事，应当保持安定美满，谨慎守护，更要尽己所能去造福以使这一切长久传承。

世网那能跳出，先当忍性耐心，自安义命，即网罗中之安乐窝也。

尘务不易尽捐，惟不起炉作灶。自取纠缠，即火坑中之清凉散也。

【译文】人生如网，怎么能跳出来呢？应当先忍耐心性，安于现状，那么这便会成为生活中的安乐窝；世间俗务，怎么能丢得完呢？只要不另起炉灶，自寻烦恼，那么这便会成为火坑中的清凉剂。

热不可除，而热恼可除。秋在清凉台上。

穷不可遣，而穷愁可遣。春生安乐窝中。

【原注】困苦而忧忧更苦，处贫而乐乐忘贫。

【译文】炎热无法驱除，但烦恼之事可以驱除，秋天的凉意便在清凉台上。贫穷无法排遣，但无穷的忧愁可以排遣，春天的生机便在安乐窝中。

富贵贫贱，总难称意，知足即为称意。

山水花竹，无恒主人，得闲便是主人。

【译文】富贵贫贱，总是让人难以满意，只有知足才能让人称心如意；山水花竹，没有永久不变的主人，只要有闲心观赏便能成为主人。

要足何时足，知足便足。求闲不得闲，偷闲即闲。

【原注】杜静台①书斋对联："无求胜在三公上，知足常如万斛余。"名言可佩。

【注释】①杜静台：明朝著名学者。

【译文】想要满足，却不知什么时候能满足，只有懂得知足才会心满意足。期盼闲暇，却不知什么时候能闲暇，只有学会忙里偷闲才会得到闲暇。

知足常足，终身不辱。知止常止，终身不耻。

【译文】能够知足的人能常觉知足，这样一生也不会遭受屈辱；能够知道适可而止的人常能克制，这样终生也不会遭受羞耻。

急行缓行，前程总有许多路。

逆取顺取，命中只有这般财。

【原注】顺者迟收之，逆者捷得之，毕竟祸福若霄壤焉，人宜何从哉。诚可为热衷人，作一服清凉散。

【译文】不管是急行还是慢赶，前方总会有很多的路途要走；不管是依道而去还是背道而求，命中注定了此生只有这些钱财。

理欲交争，肺腑成为吴越。

物我一体，参商终是弟兄。

【译文】公理与私欲交战，亲朋好友也会成为冤家对头；外物和自我融为一体，即便像参星与商星远隔天涯也是弟兄手足。

以积货财之心积学问，以求功名之心求道德，以爱妻子之心爱父母，以保爵位之心保国家。

【译文】用积聚钱财的心来积累学问，用求取功名的心来修养品德，用爱护妻儿的心来孝敬父母，用保护官位的心来保卫国家。

移作无益之费以作有益，则事举。

移乐宴乐之时以乐讲习，则智长。

移信邪道之意以信圣贤，则道明。

移好财色之心以好仁义，则德立。

移计利害之私以计是非，则养精。

移养小人之禄以养君子，则国治。

移保身家之念以保百姓，则民安。

【原注】凡此七移，即易所谓见善则迁，有过则改者也。迁改者，移之谓也。

【译文】把花在无益之事的钱财用在有益的正事上，那么事情就能成功；把耗在吃喝玩乐上的时间用来研读学习，那么智慧就能增长；把相信异端邪说的心思用来崇信圣贤，那么天道就能明晰；把贪恋财物美色的心思用来追求仁义，那么德行就能培植；把计较个人利害的私心用来评判是非，那么义理就能精确；把任用奸佞小人的俸禄用来培养君子，那么国家就能得到治理；把保护身家性命的思想用来保护百姓，那么百姓就能安定。

做大官的是一样家数，做好人的是一样家数。

【原注】陈榕门云："从好人做出大官事业，做大官不失好人本色。此为最上家数。"

【译文】如果做大官的和做好人的是一样的规矩，那么好人也能做大官所做的事。

潜居尽可以为善，何必显宦。躬行孝悌，志在圣贤，纂辑先哲格言，刊刻广布，行见化行一时，泽流后世，事业之不朽，蔑以加焉？

贫贱尽可以积德，何必富贵。存平等心，行方便事；效法前人懿行，训俗型方，自然谊敦宗族，德被乡邻，利济之无穷，孰大于是？

【译文】隐居起来也完全可以做好事，不一定要有显赫官位。

力行孝敬父母、友爱兄弟，成就圣哲先贤的事业；编纂圣哲先贤的格言，加以刊刻出版流布，虽只是教化一时，但其惠泽却可流芳后世，其不朽的功绩，没有比这更高尚的了。身处贫贱也完全可以积累德行，不一定要家中富贵。内心保持平等待人的原则，做事多为人行方便，效法前人的美好行为，劝导世俗改过从善，自然能促使宗族和睦，德泽可以广布乡邻，这样的利益没有止境，还有比这更大的吗？

　　一时劝人以言，百世劝人以书。

　　【原注】张梦复云："人能处心积善，一言一动，常思益人，而痛戒损人，必为天地之所佑，鬼神之所钦，而享其多福矣。"

　　先哲云："流通善书，贻泽最远。"人诚能重刊不朽，广布无穷，则一句善书，提醒了一点善心，成就了百世善人。非但转祸为福，直如起死回生。乃好为阻施者，动曰不中用，甚且目之为迂，笑以为腐。噫，是绝善类也，是灭善教也。若人尽效尤，则善书几沦没而永绝于天下后世，又何异于焚书坑儒矣乎？言念及此，哭尽眼中血矣。

　　汪龙庄云："余十六岁时，偶检先人遗箧，得《太上感应篇注》。读之觉凛凛，自此晨起必虔诵一遍，终身不敢放纵，实得力于此。"

　　【译文】用言语来劝导人们，可奏一时之效；用书籍来教导世俗，可影响后人百世。

静以修身，俭以养福。入则笃行，出则友贤。

【译文】清静可修身养性，节俭培养福德。在家中要忠诚践行，在外面要结交贤良。

读书者不贱，力田者不饥，积德者不倾，择交者不败。

【原注】人宜常将此四语律身训子。

【译文】读书人的品格不会低下，辛勤耕耘的人不会挨饿，积德的人行为正直，交友谨慎的人不会失败。

明镜止水以澄心，泰山乔岳以立身。
青天白日以应事，霁月光风以待人。

【译文】明镜止水可以澄清人的心灵，泰山乔岳可以树立人的品格；行事应像青天白日一样光明正大，待人应似明月清风一样明净清澈。

省费医贫，恬退医躁，独卧医淫，随缘医愁，读书医俗。

【原注】此之谓国手。

【译文】节约费用可以医治贫困，恬静退让可以医治烦躁，独自睡眠可以克制淫念，顺其自然可以缓解忧愁，读书习字可以医治庸俗。

以鲜花视美色，则孽障自消。以流水听弦歌，则性灵何害。

【原注】鲜花可爱，过目不留。流水可听，过耳不恋。

【译文】把美色当作鲜花一样看待，那么迷恋自会消除。用听流水声音的心境来听悦耳的歌弦，那么心性就不会受到影响。

征事宜读史，澄心宜静坐。
谈道宜访友，福后宜积德。

【译文】征集问事之策应当多读历史，澄静心情应当静心扎坐。谈天说地可以去拜访朋友，想要福泽后人应当积累阴德。

卷十 悖凶类

富贵家不肯从宽，必遭横祸。

聪明人不肯学厚，必夭天年。

【译文】富贵人家待人处事不能宽容，必定会遭受横祸；聪明的人待人处事不能宽厚，必然会减损寿命。

倚势欺人，势尽而为人欺。

恃财侮人，财散而受人侮。

【译文】倚仗权势欺负他人的人，当权势消失后必被人欺；凭借钱财羞侮别人的人，当家财散尽后必受人侮。

暗里算人者，算的是自家儿孙。

空中造谤者，造的是本身罪孽。

【原注】天道好还，不爽一线，未有不反中其身者。世间奸险之徒，纵不为他人谋，独不为自己虑乎？古诗云："于今看破循环理，笑倚栏杆暗点头。"

【译文】暗地里算计别人的人，最后算计的其实是自家的儿孙后代；凭空造谣诽谤别人的人，其实最后是给自己添加了罪孽。

饱肥甘，衣轻暖，不知节者损福。

广积聚，骄富贵，不知止者杀身。

【原注】天道忌盈，满则必覆，此理之一定者。王允昌家训云："凡非分之富贵，能于此看得破，远之避之，自是天地间一好人。虽贫贱以死，光荣多矣。若念头一错，必将攘臂，何所不为？无论为千古笑骂，往往奇祸随之。吾愿子孙以此为戒。"

【译文】肥甘饱腹，轻裘暖体，却不懂得节制的人定会有损福之灾；广积产业，富贵骄横，却不懂得止步的人定会遭杀身之祸。

文艺自多，浮薄之心也。

富贵自雄，卑陋之见也。

【原注】此二人者，皆可怜也，而雄富贵者尤鄙。满面富贵气，此是市井小儿，不堪入有道门墙。

【译文】自负文艺超群而睥睨一切，这是因为思想轻浮浅薄！自恃家庭富有而傲视一切，这是因为见识卑劣鄙陋！

位尊身危，财多命殆。

【原注】田静持云："位高未必危人，而祸常加之。家富未必树怨，而怨常集之者。知进而不知退，知得而不知廉也。故处世宜知退，律身须知廉。"

张梦复云："人生适意之事有三，曰贵曰富曰多子孙。然是三者，善处之则为福，不善处之则反足为累。至为累，而求所谓福者，不可见矣。何则？高位者责备之地，忌嫉之门，怨尤之府，利害之关，忧患之窟，劳苦之薮，谤讪之的，攻击之场，古之智人，往往望而却步。况有荣则必有辱，有得则必有失，有进则必有退，有亲则必有疏。若但许邱山之得，而不容铢两之失，天下安有此理？但己身无大谴过，而外来者平淡视之，此处贵之道也。前人以货财为五家公共之物，一曰国家，二曰官吏，三曰水火，四曰盗贼，五曰不肖子孙。夫人厚积，则必经营布置，生息防守，其劳不可胜言。则必亲戚之请求，贫穷之怨望，僮仆之奸骗，大而盗贼之劫取，小而穿窬之鼠窃。经商之亏折，行路之失脱，田禾之灾伤，攘夺之争讼，子弟之浪费，种种之苦，贫者不知，惟富厚者兼而有之。人能知富之为累，则取之当廉，而不必厚积以招怨；视之当淡，而不必深计以累心；当思我既有此财货，彼贫穷者，不取我而谁取，不怨我而谁怨？平心息忿，庶不为外物所累。俭于居身，而裕于待物，薄于取利，而谨于盖藏，此处富之道也。至子孙之累，尤多矣；少小则有疾病之虑，稍长则有功名之虑；浮奢则有不善治家，纳交匪类之虑。一离膝下，则有道路寒暑饥渴之虑。以至由子而孙，辗转无穷，更无底止。夫年寿既高子孙蕃衍，安保无疾病痛苦之事？贤愚不齐，升沉各异，聚散无常，忧乐自别。但当教之孝友，教之谦让，教之立品，教之读书，教之择友，教之养身，教之俭用，教之作家，其成败利钝，父母不必过为萦心，聚散苦乐，父母不必过为忧念。

但念此生多幸，粗足衣食，广积阴德，多行方便。己不刻薄，后人自无悖出之患；己不偏私，后人自无攘夺之患；己不贪婪，后人自无淫荡之患。至于天行之数，禀赋之愚，有才而不遇，无因而至疾，延良医，慎调治，延良师，谨教训。父母之责尽矣，父母之心尽矣，此处多子孙之道也。予每见世人，处好境而郁郁不乐，动多悔吝忧戚心，皆此三者之故。由不明斯理，是以心褊见隘，未食其报，先受其苦。能静体吾言，于扰扰之中，存荧荧之亮，岂非热火坑中，一服清凉散，苦海波中，一架八宝筏哉？"

【译文】地位越尊显的人，处境越危难；财富越多的人，性命越危险。

机者祸患所由伏，人生于机，即死于机也。
巧者鬼神所最忌，人有大巧，必有大拙也。
【原注】今人无事不用机巧，殆未之思耳。

【译文】所谓机遇，其实祸福都潜伏其中，人能从机遇中兴起，也会在机遇中灭亡。所谓机巧，是鬼神最为忌讳的，人若有大的机巧，就一定会有大的愚拙。

出薄言，做薄事，存薄心，种种皆薄，未免灾及其身。
设阴谋，积阴私，伤阴骘，事事皆阴，自然殃流后代。

【译文】说话刻薄，做事刻薄，存心刻薄，什么都刻薄，那么自身免不了会受害祸；设计阴谋，背地里专做坏事，损害阴德，事事都不光明，那么子孙后代自然会遭殃。

积德于人所不知，是谓阴德。
阴德之报，较阳德倍多。
造恶于人所不知，是谓阴恶。
阴恶之报，较阳恶加惨。

【译文】在无人知晓的时候所积的德叫做阴德；阴德给予人的回报，比阳德要多出好几倍。在无人知晓的时候所做的坏事叫做阴恶；阴恶给予人的报应，比阳恶加倍惨烈。

家运有盛衰，久暂虽殊，消长循环如昼夜。
人谋分巧拙，智愚各别，鬼神彰瘅最严明。

【译文】家道有兴衰的不同，虽然兴衰长短不一，但是其交替就如同日夜循环。人的智谋有聪明有愚笨，虽然智愚不一样，但鬼神罚恶扬善却很分明。

天堂无则已，有则君子登。地狱无则已，有则小人人。

【原注】或问天堂地狱之说，曰："善则心体洁净，光明正大，为阳刚君子。恶则心体邪暗，偏曲昏晦，为阴柔小人。阳从阳类入乎天，阴从阴类入乎地。"

【译文】天堂如果没有就罢了，有的话也只有君子才能上去。地狱没有就算了，有的话小人必定会进去。

为恶畏人知，恶中尚有转念。
为善欲人知，善处即是恶根。

【译文】如果做坏事怕别人知道，虽坏也还有转好的希望；做好事希望别人知道，虽是好事却也潜伏着恶的根源。

谓鬼神之无知，不应祈福。
谓鬼神之有知，不当为非。

【译文】如果认为鬼神不知道人间善恶，那就不应祈福；如果认为鬼神能知晓人间善恶，那就不应当做坏事。

势可为恶而不为，即是善。力可行善而不行，即是恶。

【原注】若更乘势以行善，此是大善。若更以加力以作恶，此是极恶。

【译文】有机会做坏事却没做，就是善行；有能力行善事却不做，就是为恶。

于福作罪，其罪非轻；于苦作福，其福最大。

【原注】颜光衷云：“济人利物，无时之一分，可当有时之万分。若必待富有而后行，诚恐后来之富有不可必，而今日之美事反虚过矣。”

【译文】虽处享福中却仍去为恶，那么他的罪恶必定不轻；虽处贫苦中却仍尽力行善，那么他的福祉一定很大。

行善如春园之草，不见其长，日有所增；
行恶如磨刀之石，不见其消，日有所损。

【译文】做好事就好像春园中的草，虽看不见它生长，但其实它每天都在成长。做坏事就像磨刀的石头，虽然看不出它的磨损，但其实它每天都有所损失。

使为善而父母怒之，兄弟怨之，子孙羞之，宗族乡党贱恶之，如此而不为善可也。为善则父母爱之，兄弟悦之，子孙荣之，宗族乡党敬信之，何苦而不为善。

使为恶而父母爱之，兄弟悦之，子孙荣之，宗族乡党敬信之，如此而为恶可也。为恶则父母怒之，兄弟怨之，子孙羞之，宗族乡党贱恶之，何苦而必为恶。

【译文】如果做了好事却让父母发怒、兄弟报怨、子孙羞耻、族人乡邻厌恶，那么这种好事不做也罢；如果做好事可让父母喜爱、兄弟高兴、子孙荣耀、族人乡邻崇信，那么为什么不去做呢? 如果做了坏事却让父母喜爱、兄弟高兴、子孙荣耀、族人乡邻崇信，那么这种坏事做了也行；如果做了坏事让父母发怒、兄弟报怨、子孙羞耻、族人乡邻厌恶，那么这种坏事为什么要去做呢?

为善之人，非独其宗族亲戚爱之，朋友乡党敬之，虽鬼神亦阴相之。

为恶之人，非独其宗族亲戚叛之，朋友乡党怨之，虽鬼神亦阴殛之。

【译文】做好事的人，不仅让宗族亲人敬爱，让朋友乡邻敬重，连鬼神也会暗中庇护他。做坏事的人，不仅会让宗族亲人反感，让朋友乡邻埋怨，连鬼神也会暗中惩罚他。

为一善而此心快惬，不必自言，而乡党称誉之，君子敬礼之，鬼神福祚之，身后传诵之。

为一恶而此心愧怍，虽欲掩护，而乡党传笑之，王法刑辱之，鬼神灾祸之，身后指说之。

【原注】此二者孰得孰失。

【译文】做一件好事而心中愉悦，这不必自己说，而乡亲也会赞誉，君子也会礼敬，鬼神也会赐福，死后还会留下好名声。做一件坏事心中惭愧，虽然想要掩藏，但终究会为乡里耻笑，会受法律的惩罚，鬼神也会降灾，死后还要被人唾骂。

一命之士，苟存心于爱物，于人必有所济。
无用之人，苟存心于利己，于人必有所害。

【译文】哪怕是官位最低的人，如果胸怀爱惜万物之心，那么对老百姓必有所帮助。无用的人，如果心存利己的想法，那么必定会对社会产生危害。

膏粱积于家，而剥削人之糠粃，终必自亡其膏粱。
文绣充于室，而攘取人之敝裘，终必自丧其文绣。
【原注】人谓不知足者，无时而足。吾谓不知足者，必有时而真不足也。

周石藩云："人心无厌，得陇望蜀，势所必至。告之以蜀不必望，退而守陇足矣，而其心且怫然怒，必至求蜀不得，并其陇而亦失之，而后悔其心之过奢，才之妄用也，人情往往如此。"

【译文】家中积满了美味佳肴，却还去剥削别人的粗劣饭食，最终必定会失去原有的美味佳肴；室内挂满了锦绣华服，却还去抢夺别人的破衣烂衫，最终一定会失去原有的锦绣美服。

天下无穷大好事，皆由于轻利之一念；利一轻则事事悉属天理，为圣为贤，从此进基。

【原注】曹凝庵云："天下无舍不得钱之好人也。余尝谓鄙吝之夫，为天下之大恶人，谓其心之不仁也，亦天下之大愚人，谓其心之不智也。君子亦仁而已矣，智而已矣。未有仁智之人，而无慷慨之行者。"

天下无穷不肖事，皆由于重利之一念；利一重则念念皆违人心，为盗为跖，从此直入。

【原注】恻隐之心，是天地生人的种子。重了财不肯救济，这点灵根渐消渐灭，便卖绝生生世世人的种子了。

陈几亭云："谚称富人为财主，言其主持钱帛也。祖父传业，虽不可浪费，然约己周人，则业不堕而德可行。今之多财者，皆役于财者也。能守能散，是名财主；日悭日吝，是名财奴。"

世有一种人，其待兄弟亲戚故旧也，丝毫必较。及争虚体面为无益之事，则不惜无穷浪费。此全不知本末轻重，而丰俭倒施者也。夫人至于丰俭倒施，岂尚有善行足观也哉？

【译文】天下无数让人赞叹的大好事，都是因为他们不计个人利益而成的；只要没有私念，那么在处理各种事务时便会与天理相吻合，要成圣成贤，就要以这为基础。天下无数使人憎恶的大坏事，都是由于他们计较个人利益造成的；如果把私利看得很重，那么在处理各种问题时便会违悖人心本性，堕落为强盗恶人，就是从这开始的。

　　清欲人知，人情之常，今吾见有贪欲人知者矣。朵其颐，垂其涎，惟恐人误视为灵龟而不饱其欲也。
　　善不自伐，盛德之事。今吾见有自伐其恶者矣，张其牙，露其爪，惟恐人不识为猛虎而不畏其威也。

　　【译文】想让别人知道自身清廉，这是人之常情，但现在我却看到有一种人只想让别人知道自己是贪婪的；他们鼓动腮帮，垂涎三尺，惟恐别人误认他是灵龟神物，因而不能满足他的贪欲。不自我夸耀善良，这是高尚的品德，但现在我却看到有一种人只想让别人知道自己是凶恶的；他们张牙舞爪，面目狰狞，惟恐别人不知道他是猛虎恶狼，而不去畏惧他的威势。

　　世之愚人，每以奢为有福，以杀为有禄，以淫为有缘，以诈为有谋，以贪为有为，以吝为有守，以争为有气，以嗔为有威，以赌为有技，以讼为有才，可不哀哉？
　　【原注】离氓蚩蚩，颠倒滋甚，良可浩叹。先辈诗云："阴功须向生前积，孽债休教身后还。"宜猛省之。

【译文】世间的愚昧之人，总是把奢侈当作是有福气，把杀生看成是有福运，把淫秽看成是有缘分，把欺诈看成是有谋略，把贪婪看成是有作为，把吝啬看成是守财有道；把争夺看成是有气势；把嗔怒看成是有威风；把赌博看成是有技艺；把诉讼看成是有才能，这难道不是很悲哀吗？

谋馆如鼠，得馆如虎，鄙主人而薄弟子者，塾师之无耻也。卖药如仙，用药如颠，贼人命而诿天数者，医师之无耻也。觅地如瞽，谈地如舞，矜异传而谤同道者，地师之无耻也。

【原注】世人有三无耻，人每以神明事之。可恨。

【译文】求教职时像老鼠一样小心翼翼，获得教职后却像老虎一样张狂骄横，傲视主人且又敷衍学生，这就是私塾教师中的无耻之徒！卖药时吹嘘得如神仙一样，可包治百病，用药时却让人像疯子一样颠狂，伤害了病人性命却还推诿是天命使然，这就是医师中的无耻之徒！寻觅风水宝地时像瞎子一样胡说瞎指，谈论风水宝地时像内行似的手舞足蹈，夸耀神异的传说却又诽谤贬损同行，这就是风水地师中的无耻之徒！

不可信之师，勿以私情荐之，使人托以子弟。
不可信之医，勿以私情荐之，使人托以生命。
不可信之堪舆，勿以私情荐之，使人托以先骸。

不可信之女子，勿以私情媒之，使人托以宗嗣。

【原注】此数者极坏阴德，不可不戒。

【译文】对不能信赖的塾师，不要因个人的情感进行推荐，让别人把子弟托付给他；对不能信赖的医生，不要因个人的情感进行推荐，让别人把性命托付给他；对不能信赖的风水先生，不要因个人的情感进行推荐，让别人把先人的遗骸托付给他；对不能信赖的女子，不要因个人的情感而去说媒，让别人把传接宗嗣的任务交给她。

肆傲者纳侮，讳过者长恶，贪利者害己，纵欲者戕生。

【原注】古诗云："虎尾春冰寄此生。"君子以为虎尾春冰者，小人以为大欲存焉。此所以君子小人不容并立，而修吉悖凶甚悬殊也。

【译文】肆意傲慢的人定会招致侮辱，忌讳过失的人定会助长恶习，贪图私利的人定会损害自己，放纵欲望的人定会伤害生命。

鱼吞饵，蛾扑火，未得而先丧其身。

猩醉醴，蚊饱血，已得而随亡其躯。

鹬食鱼，蜂酿蜜，虽得而不享其利。

【原注】世之皇皇求利者，大率类此。

欲不除，似蛾扑灯，焚身乃止。

贪不了，如猩嗜酒，鞭血方休。

【译文】游鱼吞饵，飞蛾扑火，还没有得到利益就已先断送了性命。猩猩醉酒，蛟子吸血，虽然得到了利益却随即丧失了生命。鸬鹚吃鱼，蜜蜂酿蜜，虽然创造了利益却享受不到利益。欲望不消除，就会像飞蛾扑火一样，只到烧毁了自己才会停止。贪心不清除，就会如同猩猩贪酒一样，只到被鞭打血流才肯罢休。

明星朗月，何处不可翱翔，而飞蛾独趋灯焰。

嘉卉清泉，何物不可饮啄，而蝇蚋争嗜腥膻。

【译文】星明月朗的夜空，什么地方不能飞翔？但飞蛾却偏偏要扑向灯火。草香泉清的地方，什么东西不能吃喝？可苍蝇却偏偏要追腥逐臭。

飞蛾死于明火，故有奇智者必有奇殃。

游鱼死于芳纶，故有酷嗜者必有酷毒。

【原注】非分之福，无故获之。非造物钓饵，即人世机阱。切须当下猛省，斩灭痴肠。

【译文】飞蛾死于明火，所以有奇特智慧的人会遭遇奇特的灾殃。游鱼死于香饵，所以有特别嗜好的人定会遭遇嗜好的毒害。

慨夏畦之劳劳，秋毫无补。

悯冬烘之贸贸，春恩广覃。

【译文】感慨夏日耕种的辛劳，这就像秋天的鸟兽不长细毛一样没有益处。怜悯迂腐之人的轻率，就像春梦般醒后才能回到现实。

吉人无论处世平和，即梦寐神魂，无非生意。

凶人不但作事乖戾，即声音笑貌，浑是杀机。

【译文】吉祥的人处世平和，即使在梦中，神魂也充满着生机。凶恶的人做事乖戾，即便是满脸笑容，都充满着杀机。

仁人心地宽舒，事事有宽舒气象，故福集而庆长。

鄙夫胸怀苛刻，事事以苛刻为能，故禄薄而泽短。

【译文】心地仁慈的人心胸宽广，凡事都有宽舒平和的气象，所以福气聚集而吉庆长久。心地鄙俗的人胸怀狭碍，凡事都以苛刻计较为能，所以福禄浅薄而恩泽短暂。

充一个公己公人心，便是吴越一家。

【原注】程子云："人能将一个身子，公共放在天地万物中一

般看，则有甚妨碍。”

任一个自私自利心，便是父子仇雠。

【原注】天下兴亡，国家治乱，万姓死生，只争这个些子。

【译文】有一颗公正的心，即便像吴国和越国也会亲如一家；有一颗自私的心，即便是父子也会成为仇敌。

理以心为用，心着于欲则理灭，如株干斩而本亦败坏。

心以理为本，理被欲蔽则心亡，如水泉竭而河亦干枯。

【译文】天理要以心为基础，心中有了欲望那么天理就会丧失，就像植物的主干被砍后根也就会腐败。心要以天理为本源，天理被欲望掩盖那么心就会死亡，就像源泉枯竭了而河流也会干枯。

鱼与水相合，不可离也，离水则鱼槁矣。

形与气相合，不可离也，离气则形坏矣。

心与理相合，不可离也，离理则心死矣。

【原注】先哲云："哀莫哀于心死，而身死次之。学者须时时唤令此心不死也。昧理者心先死，唤醒则心生。"

陈白沙禽兽说云："人具七尺之躯，除了此心此理，便无可贵。浑是一包血肉筋骨，痰涎屎尿，腥臊臭秽，不忍见闻；唯止饥能食，渴能饮，能着衣服，能行淫欲；贫贱而思富贵，富贵而贪权势；忿而争，忧而悲，穷则滥，乐则淫；凡有所为，一任气血。老死而后已，则命之曰禽兽，可也。"

【译文】鱼和水不能分离，鱼离开水便会死。人与空气不能分离，没有空气人便会死亡。心与道义不能分离，没有道义心便会死亡。

天理是清虚之物，清虚则灵，灵则活。

人欲是渣滓之物，渣滓则蠢，蠢则死。

【原注】天地常活，无欲故也。人物常死，有欲故也。天理是本心固有之至善，生之道也，而人弃之。人欲是形气所生之邪秽，死之途也，而人贪之，是惑也。

【译文】天理是清静虚无的东西，清静虚无便灵巧，灵巧了便能长存。人欲是残渣秽物，有了欲望便会拙笨，拙笨便会短命。

毋以嗜欲杀身，毋以货财杀子孙，毋以政事杀百姓，毋以学术杀天下后世。

【译文】不要因为嗜好伤害身体，不要因为钱财害了子孙，不要因为政事伤害百姓，不要用学术之名来祸害后世。

毋执去来之势而为权，毋固得丧之位而为宠，毋恃聚散之财而为利，毋认离合之形而为我。

【原注】《谈古录》云："离娄不见舆薪，师旷不闻霹雳，仪秦不能吐一词，贲育不能举一羽。"人谓必无是事，岂知终有是时。到此时候，何智何愚，何勇何怯，惟留贤奸邪正之名，以挂人齿颊而已。人能抬头将命字一想，到底将死字一算，放眼将人世穷通得丧一看。吁，亦可掉下机心，撇开妄念矣。昔史弥远死而复苏，作诗引咎云："早知泡影须臾事，悔把恩仇抵死分。"殊堪猛省。

古人称不朽者三，曰立德立功立言。至此之外，皆如浮云幻影，瞬息眼前，鲜有能长存者。周之九鼎，秦之传国玺，以王家之重器，犹不能历久以递传，又何论离落间之琐琐者耶？噫！世之为千载之图，身后之计者，当知所尚矣。

【译文】不要执着于来去不定的势力而追逐权力，不要固执于官位的得失而争宠，不要依恃聚散不定的钱财谋取利益，不要迷恋于肉体而执着于自我。

贪了世味的滋益，必招性分的损。
讨了人事的便宜，必吃天道的亏。
【原注】是是非非地，明明白白天。

【译文】贪图世间物质上的享受，必定会损伤心性。占了别人的便宜，必定会遭受天道的惩罚。

精工言语，于行事毫不相干。照管皮毛，与性灵有何关
涉。

【译文】伶牙俐齿，对于成就事业没有任何关系；只顾皮毛，和
陶冶性情没有一点关联。

荆棘满野，而望收嘉禾者愚。私念满胸，而欲求福应者
悖。

【译文】面对满地荆棘的荒野，却期盼着丰收的人愚不可及；心
中充满卑劣的私欲，却祈求着吉福降临的人悖谬不通。

庄敬非但日强也，凝心静气，觉分阴寸晷，倍自舒
长。
安肆非但日偷也，意纵神驰，虽累月经年，亦形迅
驶。
自家过恶自家省，待祸败时，省已迟矣。
自家病痛自家医，待死亡时，医已晚矣。

【译文】端庄恭谨不仅让人日渐强健，凝心静气，即使是片刻光
阴也会觉得倍加绵长；安逸放纵不仅让人日渐懈怠，心猿意马，即

便是长年累月也会觉得时间飞逝。自己的过失要及时反省，如等到酿成大祸时再来省察就已晚了；自身的病痛要及时治疗，如等到病入膏肓时再来治疗就来不及了。

多事为读书第一病，多欲为养生第一病，多言为涉世第一病，多智为立心第一病，多费为作家第一病。

【译文】杂事太多是读书学习的最大毛病；欲望过多是保养身体的最大毛病；说话太多是社会交往的最大毛病；心眼太多是培养德行的最大毛病；浪费太多是治理家务的最大毛病。

今之用人，只怕无去处，不知其病根在来处。
今之理财，只怕无来处，不知其病根在去处。
【原注】陈榕门云："人之来处有二，所以教之，所以取之是也。财之去处惟一，所以用之是也。"

【译文】现在任用人才，只担心没有合适的岗位，却不知道毛病在于选拔时是否合理；现在管理财务，只担心没有聚财的来源，却不知道关键在于钱财使用是否合理。

贫不足羞，可羞是贫而无志。
贱不足恶，可恶是贱而无能。
老不足叹，可叹是老而无成。

死不足悲，可悲是死而无补。

【原注】陈榕门云："人生在世，无时无地，不有当尽之道。"

【译文】贫穷并不值得羞愧，可羞的是贫穷却无志向；卑贱并不值得厌恶，可恶的是卑贱却又无能；年纪老迈并不值得嗟叹，可叹的是老而一事无成；死亡并不值得悲伤，悲伤的是牺牲却没有价值。

事到全美处，怨我者难开指摘之端。
行到至污处，爱我者莫施掩护之法。

【译文】如果事情做得完美，那么怨恨我的人便难以指责我。如果行为龌龊不堪，即便是爱护我的人也难以为我掩饰。

衣垢不涮，器缺不补，对人犹有惭色。
行垢不涮，德缺不补，对天岂无愧心？

【原注】风流罪过，贤者不免。吾辈所宜深戒。

【译文】如果衣服脏了不洗，器具缺了不补，那么面对别人时会有羞愧之色；如果行为龌龊不改，道德败坏不修，那么面对上天难道能不羞愧吗？

供人欣赏，侪风月于烟花，是曰亵天。逞我机锋，借诗书以戏谑，是名侮圣。

【译文】供人欣赏的那些风花雪月的文字，叫做亵渎神灵；显露自己才华的那些戏谑他人的诗词书画，叫做侮辱圣贤。

罪莫大于亵天，恶莫大于无耻，过莫大于多言。

【译文】最大的罪过莫过于亵渎上天，最大的恶行莫过于卑鄙无耻，最大的过错莫过于多嘴多舌。

言语之恶，莫大于造诬。
行事之恶，莫大于苛刻。
心术之恶，莫大于深险。

【译文】言语的害处没有比造谣更大的；行事最大的弊端莫过于苛刻，心术的险恶没有比阴险叵测更恶的。

谈人之善，泽于膏沐。暴人之恶，痛于戈矛。
【原注】吕新吾云："闻人之善而掩覆之，或文致以诬其心；闻人之恶而播扬之，或枝叶以多其罪。此皆得罪于鬼神者也。吾党戒之。"
闻善则疑，闻恶则信，其人生平，必有恶而无善。

【译文】称赞他人的善行，对方会如沐浴般享受。揭露他人的过错，对方会如刀枪加身般疼痛。

当厄之施，甘于时雨。
伤心之语，毒于阴冰。

【译文】在他人急难时施以帮助，这有如及时雨。刺伤人心的言语，比寒冰还要阴冷。

阴岩积雨之险奇，可以想为文境，不可设为心境。
华林映日之绮丽，可以假为文情，不可依为世情。

【译文】阴岩积雨等奇险风景可做为文章的意境，却不可有如此心境。华林映日的华丽景致可作为文章的情境，但不能作为人情世故。

许由洗耳以鸣高，予以为耳其窦也；其言已入于心矣，当剖心而瀚之。
陈仲出哇以示洁，予以为哇其滓也；其味已入于肠矣，当刮肠而涤之。

【译文】许由洗耳以示清高，但我认为耳朵只是一个洞而已，听到的话已进入心中，应当剖心才能洗净。陈仲呕吐污物以示洁净，但我认为吐出的只是废物，其味已渗入肠胃，应当剖开肠胃才能洗清。

诋缁黄之背本宗，或衿带坏圣贤名教。
詈青紫之忘故友，乃衡茅伤骨肉天伦。
【原注】发人深省。

【译文】诋毁僧道而背信宗族，这或许是文人败坏圣贤教诲造成的。辱骂发达的朋友而忘记故交，这是隐居之人伤害了手足之情造成的。

炎凉之态，富贵甚于贫贱。嫉妒之心，骨肉甚于外人。

【译文】人情的冷暖，富贵时比贫困时体会更深。嫉妒的心态，亲人间比外人更为严重。

兄弟争财，父遗不尽不止。妻妾争宠，夫命不死不休。
受连城而代死，贪者不为。然死利者，何须连城。
携倾国以告殂，淫者不敢。然死色者，何须倾国。

【译文】兄弟争夺遗产，不到财产分完时不会停止；妻妾争宠，不到丈夫死亡时不会罢休。接受价值连城的宝物而替人受死的事，贪婪者不会做；然而为了利益而死，何须要价值连城呢？陪同美人一起赴死，好色的人不敢；但死于美色的人，又何须倾国？

乌获病危，虽童子制梃可挞。
王嫱臭腐，惟狐狸钻穴相窥。
【原注】静念及此，味如雪淡，兴若冰消。

【译文】大力士乌获病危时，即使小孩子拿棍子也能打他。美人王昭君死后，只有狐狸才会钻到墓中去偷看。

圣人悲时悯俗，贤人痛世疾俗。众人混世逐俗，小人败常乱俗。
【原注】呜呼！小人坏之，众人从之。虽悯虽疾，竟无益矣。故贤人在位，则移风易俗。

陈榕门云："先有一段悲悯痛疾之心胸，而后有一番移风易俗之事业，徒然愤世疾俗以为高，与世诚无益也。"

【译文】圣人悲怜百姓，贤人痛恨世俗，凡人追逐世俗，小人扰乱世俗。

读书为身上之用，而人以为纸上之用。
【原注】高忠宪公云："圣贤之书不是教人专学作文字，求取富贵，乃是教天下万世做人的方法。今人都不曾依那书上做得

一句，所以读的是古人书，做的是俗人事。诚所谓书自书，我自我，与不学者何以异？"

做官乃造福之地，而人以为享福之地。

【原注】今之居官者，不但为自己享福计，且为子孙享福计，百计搜索横财，以供享福之用。噫，误矣。上天生尔为造福之人，今反为造殃之人。清夜自思，上天其肯宽宥乎？造福享福二念，居官者人鬼关头。

壮年正勤学之日，而人以为养安之日。

【原注】杨道渊云："而今学者通病。当失意时，便奋发曰'到家却要如何'；及奋发数日渐倦息，或应酬别事，则曰'且歇下一时，明日再做'。且歇二字，遂循环过了一生。士君子进德修业，皆为且歇二字所牵缚，白首竟成浩叹。果能一旦奋发有为，鼓舞不倦，除却进德，是死而后已工夫，其余事业，不过五年七年，无不成就之理。"

科第本消退之根，而人以为长进之根。

【原注】莲之始开也，至暮则复合，至不能合则落矣。人家富贵，须如莲之始开，便常有收敛意，自可耐久。若一开不可复合，吾惧其落之不远也。

邵康节云："牡丹含蕊为盛，烂缦为衰。盖日午则昃，月盈则亏，月盈日午，有道之士所不处焉。"杨石斋廷和当国时，弟为卿者一，任方伯者二，诸子侄又数人，皆通显。子慎，复成进士第一，贺者盈门，公独蹙蹙而欢。或问故，公曰："君知傀儡场乎？方奏技时，次第陈举，曲终而傀儡尽出。人家气数有限，尽泄不宜，吾恐今是曲终时也。"未几，以议大礼不合，公罢相归，慎戍滇，金事恂，以杀人抵大辟，人始服公之先见。

【译文】读书的目的是为了修身养性，但人们却常以为是为了舞文弄墨；为官的宗旨是为了造福百姓，但人们却常以为是为了谋利享福。青壮年时期正是勤奋读书的好时光，但人们却常认为这是安逸保养的时候；高中科第时正是激流勇退的好时机，但人们却常以为这是进取腾达的机会。

盛者衰之始，福者祸之基。
福莫大于无祸，祸莫大于邀福。

【译文】兴盛往往是衰败的开始；福泽往往是灾祸的根源。最大的福泽莫过于终生无祸；最大的灾祸莫过于追求享福。

郭辅庭跋

右《觉觉录》，山阴金兰生氏缨选录所辑也。书分十类，不外诚正修齐、立身处世之常，近取远譬，义显词明，皆古来士夫学人克己功深、阅世有得之言，字字从躬行实践中来，故与其他先儒语录，义理高深，非人人所能诵习者，为用迥殊。余置之案头，奉为座右铭者，数十年矣，裨益身心，良非浅鲜。其书自咸丰初元，镊版行世，迄今垂八十年。流传既久，几于家置一编，功用之广，于此可见。惜坊本刊印草率，讹夺滋多，附刻喧宾夺主，传本各异。乃取插架旧所校订《觉觉录》一书，就正通人，复加雠勘，端楷书写，重付精刊，以永其传焉。

武进董绶经先生谓：金氏此辑，一以修己行仁、省躬察物为归，与宋赵善璙《自警编》类目相近，而精炼过之。亦以附刊过多为病。今析所旧附道经，删其铭训歌诀，庶几登诸著录，不伤芜杂，卓然成一家之言云。

辛未（1931年）孟陬之月（正月）

潮阳郭泰棣辅庭氏识于百鹿斋

（按：郭辅庭，又名郭泰棣，广东潮阳铜盂人，近代出版家，其父为儒商郭子彬（1860年~1932年）。20世纪30年代不计成本精刊《双百鹿斋丛书》，大多是佛学经典及乡邦文献，其中不少是珍善古籍。《双百鹿斋丛书》均刊刻精良，用纸、墨不计工本，口碑甚佳。）

谦德国学文库丛书

（已出书目）

茶经·续茶经	虞初新志
唐诗三百首	迪吉录
宋词三百首	浮生六记
元曲三百首	文心雕龙
小窗幽记	幽梦影
菜根谭	东京梦华录
围炉夜话	阅微草堂笔记
呻吟语	说苑
人间词话	竹窗随笔
古文观止	国语
黄帝内经	日知录
五种遗规	帝京景物略
一梦漫言	子不语
楚辞	水经注
说文解字	徐霞客游记
资治通鉴	聊斋志异
智囊全集	清代三大尺牍: 小仓山房尺牍
酉阳杂俎	清代三大尺牍: 秋水轩尺牍
商君书	清代三大尺牍: 雪鸿轩尺牍
读书录	孔子家语
战国策	贤母录
吕氏春秋	张岱文集: 陶庵梦忆
淮南子	张岱文集: 西湖梦寻
营造法式	张岱文集: 快园道古
韩诗外传	
长短经